U0084440

# 中華民國一百騙

## 你有所不知的真正精彩一百

### Ko Bunyu

### 黃文雄著

* 讀過本書，你還死忠國民黨國，那表示你眞的已經被徹底洗腦灌屎成功，無藥可救了，你就繼續快樂被愚民吧，會不會超生，要看你的造化。

* 讀過本書，你還相信「國父孫中山先生」，那表示你是百分百半路認老爸的超級順民，那就請你跟著他的徒子徒孫們去反攻大陸吧。但請記住，吃香喝辣和落跑是他們的專門，到時候死的是你，台灣戇百姓。

# 序言

國家、民族不同，宗教、語言、文化、文明不同，史觀自然也各異其趣。隨著時代的自由化、民主化、全球化，價值的多元化更是理所當然，百花齊放。

台灣是一個多族群、多文化的社會，不但國家、民族、文化上的認同意識有異，且史觀不同，故歷史教科書有爭執，想當然耳。事實上，就連中國共產黨內，其史觀史論也都是有爭執的。他們對文革的史評已有共識，定位為「十年浩劫」，可是對毛澤東的歷史評價，卻還是人言言殊。

自古以來，中國就不贊成、甚至絕不允許有個人的史觀、史論、史說，至今仍然要求人人都要有「正確的歷史認識」，文字獄方興未艾。可是，「自由的世界」承認個人史觀的自由。史觀各異，何必一定要統一在大中華史觀之下，又何必定言於一尊，非聽你的不可。

台灣、韓國的歷史教科書，傳統上是國定的；中國則是黨定的，可是在文革期間，教育制度全然瓦解，改革開放後，尚未完全回復統一。

　　日本的教科書並不是國定或黨定，而是民間編纂，由政府檢定合格才能使用。所以歷史教科書就有數十種版本，檢定合格後，由各地、各校教育委員會議定採用。

　　台灣或中國的媒體經常譴責日本政府竄改教科書，「竄改歷史」。但日本政府文部省只有檢定，並不編纂，何來「竄改」？媒體人未曾讀過或看過日本教科書，往往只能「蜀犬吠日」，無的放矢。

　　戰後影響日本史觀最大的，是「第三國際史觀」和「東京裁判史觀」，當然也少不了來自中韓的中華史觀。可是在日本，史觀是多元的。不但言論界有司馬遼太郎的「司馬史觀」，也有備受中韓媒體抨擊的「黃文雄史觀」。個人的史觀並不被視爲「異端」。

　　當然，傳統的中華史觀，最具代表性的是《春秋》《史記》《資治通鑑》。由於時代的變化，中華傳統的或道統的史說史觀的傳承，僅及於台灣一地。例如眾所周知的「天下莫非王土」「天無二日，地無二王」等等封建概念，世界已不通用，但台灣仍「食古不化」。

　　海島台灣最具影響力的，是國民黨極富政治性的史說史觀，以及幾近捏造的史實。「反共抗俄」「反攻大陸」時代，中華民國的儒教道統史觀和中華人民共和國的「馬列史觀」「階級革命史觀」針鋒相對，可是隨著

時代潮流的變化，國共也日漸化敵爲友，緊急靠攏。

　　辛亥革命起於1911年10月10日，民國成立於1912年1月1日，至今「百年」。要如何替辛亥百年或民國百年慶生，已成爲中華民國政府的熱門話題。百年是喜劇或悲劇，由於史觀不同，感受意識當然因人而異。

　　可是史實並不是主觀的。全盤接受黨國教育的人，與並不完全接受黨國史觀教育的人，兩者對於民國百年的共鳴度有所不同，自是難免。筆者雖在海外生活近半世紀，可是自小也受過黨國教育荼毒。唯有歷經半生的惡戰苦鬥，歷盡滄桑，才能擺脫這些謊言的詛咒。

　　在台灣或整個華文世界，有關辛亥百年的歷史敘述，大都偏離史實太遠，幾近滿紙謊言的也不少。台灣的歷史教育、「歷史常識」，非常離譜，其來有自。黨官、文棍、學者、名嘴滿口胡言，史說、史論幾近創作。

　　本書的史觀、史說不但和中華傳統的、道統的史觀有所不同，且對史實的考證也盡了最大的努力。比起「騙人不知」的黨國史說，我自信本書更貼近歷史事實，更能提供讀者做爲「知史」的他山之石。

黃文雄識
2011年10月10日

# 目次

# 第一章

# 辛亥革命前史

## 一、甲午戰爭對清國的衝擊與歷史貢獻

以前中國文人譴責日本侵華，最初的指控是「八年抗戰」，後來又參考日本左派學者的所謂「十五」年戰爭，從「九一八」開始，近來的主張越來越向古代史推進，上溯至日清（甲午）戰爭，為了顯現宣傳「台灣自古屬於中國神聖不可分割的一部分」這個說法，便上溯至1872年的「牡丹社事件」（日本通稱「台灣事件」）。日本侵華近八十年，所以就稱為「中日八十年戰爭」，再來一個四捨五入，也可稱為「中日百年戰爭」。

中日戰爭與和平，從歷史角度來看，到底應該如來記述？學者專家各有所好，隨著每人的國家、民族、宗教、語言、文化、文明不同或利害關係不同，價值觀、人生觀、歷史觀的不同，也是理所當然的，又何必統一在一個「正確的歷史認識」之下呢？

近來的中國歷史學者，越來越喜歡主張「甲午戰爭」是日本侵華的開

始。確實，甲午戰爭後的馬關條約規定「台灣永久割讓給日本」。從那個觀點，清國失去了台灣確是史實。但是領土侵佔並不一定永久為同一國家或民族所有，中國自中原發跡，一直擴大至今日，連蒙古滅金宋、滿人入關，現在的學者專家雖然喜歡尊稱入主中原的蒙人、滿人的祖父為元太祖或清太祖，可是明初或清初的亡國之民，或孫中山、章炳麟等等的革命志士倡導「驅逐韃虜，恢復中華」時代的歷史意識是迥異的。清朝的版圖有明朝的三倍，難道四夷八蠻都是羨慕天朝的「德化」而競相臣服的嗎？

現代的中國人大都認為自鴉片戰爭以後，列強競相侵華、蠶食中國，如果從天朝天子的聖旨內容來看，包括日清甲午戰爭，自鴉片戰爭至1900年的義和團拳亂大約一甲子，清末的對外戰爭主要原因大都來自不知感謝天朝「恩義」的西夷與東夷的懲罰戰爭。

甲午戰爭是日本開國維新以後首度的國民戰爭，也是日中二國興起與衰退的分水嶺。十九世紀以後，已經是列強左右世界的時代，日清、日俄戰爭之後，日本開始抬頭挺胸而成為列強。清國自義和團之亂以後，已無力維持國內治安，不得不容忍國內的列強駐軍（類似今日聯合國的PKO維和部隊）。

清國的洋務（自強）運動和日本的開國維新都在鴉

片戰爭後同時進行。中日甲午戰爭是兩國這段近代化過程成敗的展現，雙方勝負的理由，拙著《日本如何締造中華民國？》和《日中戰爭》中已有詳述。

中日甲午戰爭，清國戰敗，對以後的中國的出路，正面多於負面，影響巨大。模仿明治維新的「戊戌變法」即使失敗，立憲運動繼之而起，辛亥革命立憲派和新軍成為主力，洋務維新的挫折也產生了國民革命運動的興起，特別是日俄戰爭以後，不但清國留學生東渡日本成風，日本各界的顧問也成為中國近代化的師範。孫中山稱辛亥革命是「第二次的明治維新」，甲午戰爭的結果，不但興起了辛亥革命，甚至連俄國的十月革命（October Revolution）、土耳其的國民革命運動（Turkish National Movement／土耳其獨立）都深受其影響。

二、從師夷到師倭的戊戌變法

中國人的自傲自尊，天下無雙。最具代表性的文人，是和毛澤東勢不兩立的梁漱溟。梁氏自吹自擂除了統一的國家、偉大的民族、最高的文化之外，連周圍的夷狄都競相學習中國文化，而以中國為中心，希望能早日被統合。

史實上，日本早期雖然學習隋唐文化而掀起了著名的「大化改新」，但是自黃巢之亂以後就停止遣唐使的派遣，以後雖有渡宋、渡元和渡明僧，但發現中華文明已經沒落，因為那個時代是日本佛教文明的黃金時代，日本已經成為虔佛的文明國家，平安時代以後近四百年沒有死刑。至少在佛教文明的戒殺價值的基準上，中國從一治一亂到天下大亂，到整個國家陷入喊殺喊打的境界，在日本僧人眼中，是從文明走向野蠻的象徵。

日本到了江戶時代末期，開始學習蘭學（荷蘭語的西學），清國到了鴉片戰爭以後也開始以「中體西用」為

原則來學習西學。可是經歷英法聯軍到甲午戰爭，證明清國的洋務運動完全失敗。為了富國強兵，清國也不得不放棄師夷而改向師倭。中國自後漢的「師承」以來，二千年來以文化自傲，視夷狄為禽獸。可是居然連甲午戰爭也敗給「東夷」，證明時代變了，當然人也變了。

李鴻章在馬關條約的交涉之時，曾經誇獎日本首相伊藤博文說：「連我們大清帝國都被你們打敗了，完全是您領導的本領，很可惜的是，您當小日本的宰相，不如來當我們大清帝國的宰相，更能發揮您的才能，如您有意，我必定推薦您給慈禧太后。」伊藤被李鴻章一誇獎，當然心喜，可是對老奸巨猾的李鴻章的口才雖然敬佩，也只是聽聽而已。

日清甲午戰爭戰敗之後，清國從「師夷」轉向「師倭」的風氣日高，康有為總共上書五次之多，終於讓光緒帝感動而召見。康有為那篇費了十年工夫才完成的《日本明治變政考》，深入闡述日本如何從小國蛻變成為大國的原因，年輕有為的光緒帝大為感動，決心師夷維新，並向太后逼宮，要求她不要阻礙變法並且退位。光緒帝以《日本明治變政考》為最高指導原則，戊戌維新事實上就是複製日本明治維新。

光緒帝決定變法以後，連日頒發數道實施「新法」的詔勅，罷黜守舊派大臣，全面而迅猛地展開改革，並

透過訪日考察大臣劉學洵遞交一份國書給明治天皇，
「願仿效貴國治世，奠定國家自強之根基。」明治天皇
也回信說：「清國之富強與日清關係和諧，兩國之慮
也。」

可惜的是，光緒帝被守舊派勢力團團包圍，孤掌難
鳴，所謂的戊戌維新只不過撐了一百○三天，就被西太
后的政變、袁世凱的倒戈終止了。

接著而來的是「六君子」的處刑、康有為、梁啓超
師徒的爭相逃亡。維新期間，伊藤博文剛好下野，到北
京訪問，康梁如獲至寶，要求伊藤擔任維新政府的最高
顧問，並向他請教維新的訣竅。伊藤提出忠告，要他們
維新之前，先從不再稱呼外國人為「夷狄」這一步開始
做起。康梁二人說，「這是老一代的觀念，我們年輕的
這一代已經不再稱外人為『夷狄』了。」當維新失敗，
梁啓超逃入北京日本領事館時，伊藤正在館內，領事等
人一時驚慌失措，不知如何是好，伊藤向領事說「他是
人才，不可被殺」，秘密協助將梁啓超送往日本避難，
這也是梁啓超與伊藤博文的奇緣，「英雄識英雄」是那
個時代的精神。

# 三、義和拳亂的中國精神

義和拳之亂，有時稱爲拳匪之亂，日本稱之爲「北清事件」，至今爲止是評價最分歧、也是最容易受政治意識形態操弄、歷史評價被左右搖擺的事件。

比起引發甲午戰爭的朝鮮東學黨之亂，雖內涵相似，卻也有些不同。東學黨之亂的組成分子多數是農民，主旨是爲了排外，沒有濃厚的宗教色彩，目標是用東學反西學。而義和團的組成分子多爲遊民，江湖匪徒或綠林兄弟較多。本來中國古代的殷人也有原始的土俗宗教，可是到了孔子的時代，已日漸世俗化，儒家教主孔子的「敬鬼神而遠之」、「不知生、焉知死」也是代表中國人世俗化的語詞。

中國歷代王朝的末期，雖時有教匪之亂，但沒有極端的教義派對教義派的宗教戰爭，大都是世俗對宗教的戰爭或對宗教的大屠殺。「三武一宗」的「破佛」（指北魏太武帝、北周

武帝、唐武宗和五代後周世宗。他們下令毀滅佛法事件，使佛教受到很大災難，被稱爲「法難」）是對付佛教徒，而十九世紀以後的「洗回」運動（1862～1873）則是對回教徒的大屠殺。而義和團之亂是對基督教徒的趕盡殺絕。當時被拳匪所殺害的不是傳教士、而是被稱爲「二毛子」的教民（當時拳匪稱外國人爲「大毛子」，信仰天主教、基督教的中國人爲「二毛子」），或者是被稱爲「買辦」、與南方近代化產業關係密切的人士（被稱爲「三毛子」）。義和團共廿萬人進入北京之後，殺西洋傳教士二百人以上，小孩五十人，「二毛子」則高達二萬人。

所謂「義和團」，乃是源自信仰「彌勒佛」的白蓮教民間秘密宗教結社，教徒信奉《西遊記》中的孫悟空、豬八戒、《三國演義》中的關公、張飛或《封神榜》中的李哪吒等神明會下凡，相信只要學會「義和拳」就可刀槍不入。他們進京後得到西太后的讚許，向萬國宣戰。

義和團的愛國運動，終於導致帝國主義者的恐怖意識，於是八個列強國家聯合起來發動侵略中國的戰爭──這是中國歷史教科書有關「義和團事件」的一段描述。

有關廿世紀初（1899～1900）的義和團之亂和八國聯軍，是百餘年來中國歷史學者評論最分歧的歷史事件。

中國一發生類似的排外事件，例如文化大革命等事件的評論，都會提拳匪之亂，以義和團之愚行暴行爲恥的學者文人不少。可是人民共和國的時代以後，因爲政治、意識形態的須臾，變成愛國的「偉大反帝鬥爭」，時勢變化，歷史記述也變了樣。比如中國發行的六十週年紀念論文集，更是全集論述反美、反帝鬥爭，一百週年論文集就變成了愛國反日運動特集，將其美化成階級鬥爭、反帝鬥爭和反封建反革命了。

當然，中國人詮釋歷史事件，都是跟著政治意識形態的轉變而來，這並不是今天才如此。西太后將義和團稱讚爲「義民義拳」，利用義民來「以民制夷」、「扶清滅洋」，可是到了八國聯軍入京以前，西太后已經早一步「西奔」，逃亡長安。義和團反而成爲人類史無前例的暴行，受到清軍的趕盡殺絕。義民反而不得不變「扶清滅洋」爲「掃清滅洋」。

義和團之亂中，日軍的勇敢善戰是日本近代化成功、受到列強刮目相看的契機。在八國聯軍（日本軍司令爲著名的秋山好古）未到、孤軍對抗拳匪的五十五天中，守護北京領事館區、保護教民，也保存了紫禁城的國寶，和各國一起負責衛戍使館區的柴五郎中校（後曾任台灣軍司令，升爲上將）一時成爲北京城民的守護神，獲得包括俄帝等各國皇帝、總統的召見，成爲世界級的英雄

人物。唐德剛的《晚清七十年》中也說：「聯軍中日軍在京全然沒有對平民百姓行搶掠之道，是當時有目共睹的。作戰爭先，擄掠落後，一時頗為他們入侵的友軍和本地華民，另眼相看。」一向驕傲孤立的英國，也因此而感到日軍的英勇善戰，而在1902年與日本結成「日英同盟」，俄國則利用義和團之亂，動員7萬軍隊佔領全滿州，拒絕撤軍，日後間接引發了日俄戰爭。

四、日俄戰爭改變了東亞的出路

在近現代史上，日俄戰爭是20世紀初很重要的一個歷史轉捩點。很可惜連現代的中國學者對日俄戰爭的原因、經過、影響等等的眞實史實反而所知有限。我經常怨歎，中國的學者為什麼連自己的歷史都不甚瞭解？可能一提到日俄戰爭，就要常掛在嘴上問：「為什麼日本和俄羅斯要在中國的領土上打仗？」這類的問題，顯示了這些學者對自己歷史的無知。

當然，日俄二國不僅在滿州打陸戰，也在海上打海戰，在歐美打外交和貸款等等的經濟戰，二國都在做對國家存亡生死一搏的大苦戰，如果日本敗了，不但日本必定淪為列強殖民地，連清國也難免被列強瓜分。日俄戰爭至少改變了當時歐美列強時代的國際力學關係。

滿州人自入關征服中國以後，少數的滿州人為了統治多數的中國人，多鼓勵滿人入關，關外的祖宗之地被「封禁」，幾乎成為無人之地。到了

回亂以後才與台灣一起解除海禁，滿州之地也解禁，開始進口移民。

斯拉夫人在東亞也是被蒙古（韃靼人）統治了二百多年，莫斯科大公國從韃靼人的統治解放之後，以「東方正教的保護人」、「第三羅馬帝國」自居，擴大成爲俄羅斯帝國。清代盛世時康熙大帝曾經帶領滿蒙八旗軍遠征羅禪（俄羅斯），訂了「尼布楚條約」，阻止帝俄勢力南下。

可是自鴉片戰爭之後，帝俄勢力又再度南下。帝俄藉口「義和團之亂」，派兵佔領所有滿州之地，從新疆、內蒙古到滿州的「關外」，當時都是帝俄的勢力範圍，俄、德、英、法已經議定勢力範圍，中國被瓜分已成定局，這個時刻，當然連日本也陷入危險，難以保全。對日本來說，日俄戰爭是日本生死存亡的一戰，救了日本的是「英日同盟」以後，在此基礎上贏得日俄戰爭，也挽救了日本亡國的危機。

有關日俄戰爭後，日本對中國的不滿，是日本費了十億的國幣、廿萬人的死傷，把俄軍趕出滿州，那時候的清國人到底在幹甚麼？不但旁觀而且暗地裡締結「清露（俄）密約」，準備在背後撈一筆，行爲令人不齒。

史實上，「清露密約」（Li-Lobanov Treaty，所謂「中俄密約」，又稱「禦敵互相援助條約」或「防禦同盟條約」，1896年

6月3日簽訂），可視為日俄戰爭的開打，事實上是日本國與俄、清之間的戰爭。戰後的「樸茨茅斯和約」（Treaty of Portsmouth, 1905年9月5日）締結之後，日本付給清國150萬日圓、俄國200萬盧布，當作使用戰場補償費，在國際法上已經完成戰後處理。

日俄戰爭影響最大的，莫過於對列強在亞洲各地的殖民地有色人種反抗西洋殖民地運動的覺醒，也改變了世界的勢力地圖，對中國來說，除了阻止「帝俄勢力的南下」，阻止俄、德、英、法瓜分中國的意圖之外，也激起了清國留日學生的熱潮。

日清（甲午）戰爭之後，第一批清國留學生只有十三人，到了1905年已經增到八千人以上。日俄戰爭後，更達到一萬人以上，後來巔峰時期曾達到二至三萬人左右。

1905年，清國廢止科舉制度，加上日本打敗俄國，更加激起了留學日本熱潮，這批清國留日學生接觸西洋思想，受到日本成功崛起的啟蒙思想，以及哲學和社會科學的洗禮，是中國在廿世紀大規模進行改革以及反清革命的主要動力。

## 五、日本指導中國的「文明開化」

中國對日本的理解，雖是一衣帶水的鄰邦，卻往往如迷霧一般，且多屬胡亂的瞭解，正確性都不高，如「日本人是徐福或吳伯的子孫」、「中國人以先進的技術文明入主日本建國」、「日本文化是中國文化的支流」、「日本原本什麼文化都沒有，都是中國和西洋帶來文化」、「日本人受了孔孟思想的恩惠，才有今天的發展」、「中國當大目標受盡了列強的欺壓，小日本才有喘息的空間，在中國背後偷偷摸摸開始近代化，中國等於代替日本受到了列強的侵略，當了日本的盾牌」等理論，充斥在今天中國的學術圈子裡。

中國人口有日本的十倍以上，歷史也自稱有五千年，但是對歷史、文化、文明的學術研究、贊助和鼓勵都很缺乏，更不必談學術品質了，至少在任何圖書館或研究所裡，日本所擁有的學術資料、論文和著作等，都在中國的十倍、甚至百倍以上，中國的

學者可以不必一直「老王賣瓜」。

日本確實在隋唐時代後，從朝鮮半島和中國引進了不少文化、文明和文物。以這樣的基礎，日本獨自創出了自己的文化。從鎌倉時代以來，特別是江戶時代，日本的文化已經展現出獨立的成熟性。例如：中國或朝鮮都獨尊「朱子學」，但是日本在江戶時代，除了「朱子學」之外，還有神道文化、佛教文化、國學、陽明學和蘭學，是一個獨立的多元文化社會，這種多元，也是和西方社會並行發展的近代化原理。

日本自開國維新以後，確實也有鹿鳴館時代的全面洋化之風，可是自明治維新以後，並不是一直全面西化，西風和日風（和風）的抗爭，是以二十年為週期的逆轉與昇華。日本的近代化有日本的特質和格局，不是瞎子摸象般的抄襲模仿。代表日本近代化的雖是「文明開化、殖產興業」，但西化並不是只有福澤諭吉所倡導的「脫亞入歐」而已，也有反過來思考的「大亞細亞主義」或更極端的「昭國家主義」等等思想。

日清甲午戰爭以後，還有義和團之亂、日俄戰爭，當時的日清比現代的日中更具「兄弟之邦」的情感，中國人只停留在「不打不相識」的層次，日本人則是超越此層次。中國辛亥革命以後，中國人可以看到日本人如何看待日清關係，以及後來在太平洋與美國施行人類

史上最大規模的大戰之後，竟然可以成為緊密的「日美同盟」，而非陷溺在往日的仇恨中，從這點可以看出日本和中國在國民智識、水準，國家文明的高下也宛若雲泥。

　　甲午戰爭、義和團之亂和日俄戰爭之後，清國從師夷轉為師倭。隨唐文明影響日本雖然是史實，但是近代的日本文化與文明影響中國，更是鐵一般的事實。日本為了協助中國留學潮，相繼設立清國留學生學校。軍事留學生在日本要先進入特設的成城學校，也就是後來的振武學堂，然後才能以考試的方式進入陸軍士官學校。而實踐女學校也特別接受清國女留學生，秋瑾就自稱是「支那第一女」。當時的留日學生船一進入長崎，這些清國學子最大的視覺衝擊，就是滿街的學堂，和「文盲之國」中國是二種不一樣的景象，讓這些學子滿腔「日本能，中國為什麼不能」的疑惑。

　　清國留學生不但在日本發現了在中國早已散軼的經典古籍，更從日本翻譯了西洋的《社會契約論》與《物種起源》等等經典名著，光是清國留學生在日本發行的雜誌新聞就有六十五種。從學校教科書到現代小說、音樂，連無政府主義和社會主義的書籍，都來自日本。漢字是由中國傳至日本，可是許多近代用語反而來自日本，1911年中國出版的《普通百科新大辭典》的「凡

例」寫道：「我國新詞大半由日本輸入。」如果沒有日
本在幕末維新時代所創出的20萬新詞，中國的社會、
自然科學、新聞將難以傳達訊息。中華人民共和國的憲
法，有85％是日本所創出的新造語（日製新詞）。

## 六、東山再起的立憲運動

日清甲午戰爭後，日本屈服於德、法、俄的「三國干涉還遼」，歷經十年的臥薪嘗膽，1905年日俄戰爭打倒了俄羅斯帝國，是日本躍上列強遊戲舞台的開始，也是改變20世紀世界歷史的轉捩點。

在滿州的陸戰，日、俄各有勝負，雙方都已經筋疲力盡，等待和談。俄國在日本海大海戰中落敗，再加上國內興起革命風潮，雪上加霜的結果，使得日本奪得先機，取代俄羅斯，和美、英二國成為世界海上勢力的三強之一。

日俄戰爭的結果，證明明治維新是成功的。連中國的西太后也不得不肯定，直接向日本學習富國強兵、救亡圖存的最後法寶。1898年的戊戌維新被遏止，光緒帝身旁的維新份子被西太后屠殺一空，但是在八國聯軍入北京，讓西太后攜同光緒帝西逃西安，如此落魄的遭遇，讓後來回京的西太后不得不感慨時代的巨變，已經

讓守舊的中國面目全非，為了能夠力挽狂瀾東山再起，唯一的選擇就是再次向日本取經，決定立憲，回到當初戊戌維新的起點重新出發。相對地，俄國被打敗，俄帝身邊的保守派再也沒有勢力，一哄而散。康梁立憲維新派所大力鼓吹的思想，也對俄羅斯的改變起了推波助瀾的作用。

綜觀中國史，除了商鞅變法之外，所有的變法意圖全部都以失敗告終，從王莽、王安石到戊戌維新皆然，二千多年來的帝制，除了「祖宗」法統不可變的原則之外，許多高官大員的既得利益也不許變動。所以維新一旦啟動，傷害到這些既得利益者，則會妨害到所有的變法革命。西太后的變法維新成功展開，但是既得利益的高官大員表面上臣服，實際上則陰奉陽違搞小動作，處處口是心非。在這個情況下，西太后不得不大舉派員赴日本考察取經，且主張「中國之立憲政治，志以日本憲法為範本」。

1906年1月，光緒帝的堂弟、鎮國公載澤奉「派載澤等分赴東西洋考察政治諭」，率團東渡日本（出洋考察日本憲政），受到日本各界的熱烈歡迎，從首相、外相、陸相皆一一與之正式見面，明治天皇也破天荒特別召見，甚至明治憲法的起草人伊藤博文、金子堅太郎和東京帝大憲法教授穗積八束還共同為載澤上課。

　　針對載澤憂心「立憲是否會導致國體變更」等問題時，伊藤等三位憲政講師答道：「國體乃是歷史發展的產物，日本雖然制定憲法，成立國會，但固有之君主國體並不受到妨礙。」

　　伊藤甚至告訴載澤，「憲政有君主立憲與民主立憲二種，貴國數千年來實施君主政體，參考日本政體乃理所當然。」

　　當西太后接受載澤之議後，正式宣佈實施預備立憲，又派李家駒為日本憲政視察大臣，遣他至日本進一步考察深入研究，長達一年的研究考察中，包括穗積八束、早稻田大學有賀長雄等權威學者都全力傾囊相授。

　　1907年8月，清政府正式設立外務部，接著是民政部，並將戶部改為「度支部」（財政部），兵部改為「陸軍部」，並宣佈將以九年時間完成各項立憲準備工作，再正式公佈憲法。除憲法之外，還將公佈皇室大典、議院法、上下議員選舉等法，並完成新的中央與地方官制，將國民識字率提高到5％，如此可繼日本之後成為近代國家。

　　然而計畫公佈之後，卻受到各界抨擊，民眾紛紛遊行、請願，希望立刻成立民選國會。清廷被迫將九年縮短至五年，可惜的是在憲法草案公佈前的10月10日，爆發辛亥革命，清廷滅亡。

## 七、維新立憲運動旗幟飄揚

關於應該如何富國強兵，清代科舉出身的官僚到了鴉片戰爭以後，出現了自強運動的洋務派官僚。李鴻章、張之洞、劉坤一是最後的代表人物。康有為、梁啓超等維新立憲派代表人物，雖然也是科舉出身，但和洋務派官僚不同，非常嚮往政改，1898年的戊戌維新雖然挫敗，還是不改初衷，成為清末民初政治改革的主流。興中會、華興會、光復會等革命會黨，最初是以「驅逐韃虜」的民族革命為出發點，多少受了太平天國的影響，和康梁等立憲派的主張不同，希望透過改革或武裝革命來政改，二大勢力嚴重對立。

20世紀初，光是在外地出版的報紙就多達卅九種，清國留學生在日本發行的雜誌也有卅八種之多，代表維新派的是梁啓超所編的《新民叢報》。1905年革命同盟會成立，則發行《民報》。初期《民報》的宣傳氣勢比不上科舉出身的康梁「筆力」。

要到國學大師章炳麟成為《民報》主筆之後，才能力戰康梁的立憲維新派。1903年上海的《蘇報》因刊登鄒容的《革命軍》和章炳麟的《駁康有為論革命》一書而被查禁，稱為「蘇報事件」。章被判刑三年，鄒容二年，後來鄒死於獄中，年僅21歲。《革命軍》是當時最暢銷的書籍，發行超過一百萬部，當時留日的魯迅稱讚：「……別的千言萬語，大概都抵不過淺近直截的革命軍馬前卒鄒容所做的《革命軍》。」

《民報》和《新民叢報》，從1905年至1907年的三年間，展開了長達百萬字以上的論戰。爭論的焦點是民族、制度、民生、社會等四大議題。民國成立以前的革命同盟會等革命團體，是以「驅逐韃虜、恢復中華」為政治綱領。二千多年來的吳越之爭雖依舊，廣東人的孫文和浙江人的章炳麟難以共事，可是這些革命黨員大都有強烈的「排滿興漢」的「大漢民族主義」思想，興中會和光復會在此前提上是相同的。

立憲維新派和革命派最大的對立理由之一，是在民族主義的觀點上，到底要不要「排滿」？康有為、梁啟超是中華民族論者，康有為認為世上絕對沒有純粹的漢族或滿族，都是黃帝「廿四子」的子孫，因此不該區分漢、滿。按照康的主張，在易姓革命的中國裡，五千年文化的科舉文章、世俗教化都一直被保存著，唯一改變

的僅是姓氏和王朝的更替而已，各朝代雖有興亡，但是中國卻從未亡國，因此滿人也非異族，若太強調民族革命光復大漢民族，實在毫無意義。康梁的大中華民族論，在當時雖被革命黨派視爲「中國人雜種論」，但是民國成立之後，孫文等革命黨紛紛採納了康梁的中華民族論。

立憲派和革命派另外一個最大的對立，是要不要暴力革命？梁啓超反對暴力革命，認爲使用革命的手段，不但無法實現立憲，反而會刺激爲政者強化獨裁統治，特別是中國人愚昧幼稚，既無能力實行民主革命，也沒有資格成爲共和國國民，即使革命成功，也難以建立共和國政府，因此中國適合君主立憲。可是君主立憲也不宜即刻實行，必須實行開明專制，在十年之內培養國民的自治能力和公德心。梁認爲武力革命會引起中國的內亂，致使中國被列強瓜分，是爲梁的「革命瓜分論」，梁擔心中國人民尚未成熟，革命容易導致中國的分裂與亡國。

## 八、三派大聯合的革命同盟會

若從世界史來看，孫文所說的「余致力國民革命凡四十年」的國民革命，是20世紀初的革命大潮流，但並非僅有中國辛亥革命成功。當時不可一世、橫跨歐亞大陸的巨大帝國，如俄羅斯和鄂圖曼土耳其等帝國，都在同一個時間因為發生國內革命而崩解，因為自帝國主義列強時代來臨之後，近世的「天下國家」都陸續被新的近代化國家所淘汰，世界各民族皆響應成立進步的國民國家，當然土耳其的凱末爾、中國的孫文也不例外地要進行國民革命。

日本的開國維新成功，就是典型列強時代從天下國家變成國民國家的例子。清國的戊戌維新沒有成功，其他的古老國家也同樣遭遇維新挫敗，但是革命浪潮不斷洶湧而來，時代巨輪逼得革命浪潮不斷滾動，直到成功為止。

中國地廣人多，因為人口多，所以意見也多，如果以民初來說，就有

大小600多個政黨、政團和派系，這是很正常的現象，又如主張國語的標音符號，就高達三千多種，要統一所有意見定於一尊，是不容易的事。

立憲維新派雖然在戊戌維新中遭到挫敗，六君子被殺，還有領導人康有為、梁啓超成功兔脫，雖然無法獲得實力派官僚李鴻章、張之洞、劉坤一等人的支持，但是在國內、外都有廣大的知識份子給予支持，還有國內的部分新軍也支持，是受到廣大革命份子支持的一大主流勢力。

相對於立憲維新派，革命派的主力大多是青年學子，孫文則算是老派。革命派的三大勢力為廣東幫的興中會、湖南幫的華興會和浙江幫的光復會，三大派系的結合則是革命同盟會。

清代的幫會活動在清初已有，從嘉慶年代的白蓮教亂到義和團拳匪之亂，持續百年的教匪、會匪之亂不斷。革命三大派系其實都屬於「會匪」，僅可半公開的在各租界地、香港和越南等地活動，最大的活動基地則是日本東京，不但留學生多，又有新思潮衝擊，如果沒有來自東京的人力、財力以及日本支持革命人士的傾囊相助，即使發生了辛亥革命，也不可能有南京政府誕生，甚至中華民國的成立建政。所以可以說東京是「支那革命的搖籃」。

　　孫文結識在東京的革命志士，是在1905年7月19日
抵達日本橫濱之後，經由宮崎滔天介紹，才認識黃興、
張繼、宋教仁、陳天華等人，宮崎極力向黃興等人推薦
孫文是「世界罕見的偉人」，以提高孫文的革命領導地
位。同年清政府宣佈立憲，廢止千餘年的科舉制度，
加上日俄戰爭的刺激，清國留日學生遽增，組織非常
多，例如勵志會、廣東獨立協會、拒俄義勇隊、洪門三
合會、革命同志會、社會主義研究會等都是。主張革命
建國的，例如《國民報》、《二十世紀之支那》、《醒
獅》、《夏報》等雜誌，鄒容的《革命軍》、陳天華的
《猛回頭》、《警世鐘》等單行本，對革命思想的影響
尤其巨大。孫文革命思想的宣傳，以宮崎滔天所著的
《三十三年之夢》影響最大。

　　孫文與清國留日學生接觸趨於頻繁，是在「支那
亡國242年紀念會」之後，歷經頭山滿、內田良平的贊
助，宮崎滔天的協調，1905年7月30日，在東京赤坂檜
町三番地的黑龍會館集合了興中會、華興會、光復會三
派革命組織，以及科學補習會黨員共七十餘人，共同召
開籌備會，8月20日，革命同盟會成立大會在赤坂靈南
町的坂本金彌宅邸召開，孫文被推選為總理，黃興被選
為執行部庶務總幹事，加盟者約三百餘人，日本人加入
者則有宮崎滔天、平山周、菅野長知等人，北一輝之後

也加入。革命同盟會成立之後，孫文的革命才開始變質，從綠林和幫會兄弟爲主的革命成員，逐漸轉變爲知識份子爲主的革命運動。

九、革命同盟會為何因內訌而煙消雲散？

任何組織要團結一致，談何容易？特別是中國人的組織？又更何況是意識形態、革命手段等等南轅北轍的革命團體？例如中國共產黨，自1921年成立以來，歷經半個世紀就有「十大鬥爭」，平均五年一次。何況革命同盟會的成員都是個性剛烈的革命份子，三大主流為廣東幫、湖南幫和浙江幫，這三個幫派雖有共同的革命理想，可是連語言都不通，談眞正的團結並不容易，所以有俗諺云「北京人愛國、上海人出國、廣東人賣國、香港人無國」這樣的認同分裂。這三派人馬單是在民風和性格上就彼此格格不入，更不用奢望進一步的團結。

環顧中國近代革命史，我們就可以發現，孫文或毛澤東等人都是個性極端強烈的革命份子，有如瘟神一樣，他們所到之處總會引起吵鬧，到頭來鬧到不歡而散。那麼，到底以孫文為首的革命同盟會，從頭到尾吵吵

鬧鬧到底是在吵什麼？爲什麼孫文會被革命同盟會的同志們趕走，弄得自己必須要遠走高飛呢？

事實上，從一開始這三派人馬就扞格不入，匆忙湊合在一起，即使不吵架也會鬧事，例如民國政府成立以前，連使用何種國旗的事情都要吵翻天，也加深了彼此之間的嫌隙。其中孫文派主張要以青天白日旗爲新國旗，黃興派則主張象徵中國古代「井田制」的井字旗，這二派針鋒相對，吵得最兇。而孫文的個性孤僻、獨斷又固執，在沒有經過表決的情況下，就將青天白日旗掛上總部，引起內部的撕旗紛爭。青天白日旗是陸皓東在1895年廣州起事時設計的革命軍旗。而華興會的龍頭黃興則認爲興中會所使用的青天白日旗，和日本的國旗太過相似而極力反對，他主張的井字旗是中國古代井田制度的象徵，才合乎新中國的標誌。但是孫文認爲黃興這種思想太過復古，堅持使用青天白日旗，並且對黃興破口大罵道：「這是我在南洋受數萬人所寄託的旗幟，若想廢此旗，必先把我打倒……」云云，黃興聞此勃然大怒，立刻決定退出革命同盟會，並且寄信給胡漢民，信中對孫文的獨裁待人處事多所抱怨，並認爲孫文的個性「令人無法忍受」。

革命同盟會內鬨最劇烈的原因，就是有關於革命路線的紛爭。孫文的革命路線是「邊境革命」，亦即是在

離北京遙遠的廣東地區推展革命。而反對孫文「邊境革命」論的人則認爲，應該要在長江流域一帶等兵家必爭之地推廣革命才對。事後證明，孫文的邊境革命論一事無成，而在武昌進行的革命則一舉推翻滿清政府。

此外，孫文所提倡的三民主義思想，也是混沌零散，並未得到革命同盟會同志的支持，也非會內的主流意識形態。當時革命同盟會內部龍蛇雜處，思想體系和意識形態南轅北轍，包括社會主義、國家社會主義、基督教社會主義、無政府主義……，這些新思想都是十九世紀末，從西洋傳入日本，再由革命同盟會裡的留學生吸收，之後傳入中國。因此，孫文東抄西抄的「三民主義」被視爲末流，被《民報》發行人章炳麟、編輯張繼等人排斥，後來，張繼和劉師培另立門戶，組織社會主義講習會，鼓吹無政府主義思想，公開和同盟會作對。

1907年3月，日本政府受到清國政府壓力，要求將擾亂中國治安的孫文驅逐出境。日本外務省以三年後再入境爲條件，和孫文交涉離日，並且支付孫文七千日圓，梅屋庄吉的友人鈴木久五郎，也同時捐贈了「走路費」一萬日圓給孫文，但是孫文僅僅拿出二千日圓給章炳麟，做爲《民報》經營的費用，剩下的一萬五千日圓悉數私吞，這也引爆了革命同盟會內的金錢醜聞爭議，同盟會內部要求開除孫文總理之位、改組同盟會的聲浪

高漲，在孫文離日之後，以日本爲基地的同盟會事實上也因爲這些醜聞而名存實亡，孫文只能避居美國，一時間沒有革命活動的空間。

## 十、黃金十年帶來帝國的自殺

清朝為何會滅亡？理由很多，拙著《中華帝國之興亡》（PHP日文版）一書中有很多探討和分析。最主要的理由之一，是缺乏生存在20世紀的條件，不僅清帝國如此，俄羅斯帝國和鄂圖曼土耳其帝國也是一樣的命運，並不是被西方列強所滅，而是自己瓦解滅亡。

如果說是由帝制走向立憲而導致滅亡，那麼英國的王室和日本的天皇反而還在立憲之後興起，所以這個理論不通。

日本的天皇制度是很特殊的，權威和權力分開，天皇只享有權威而無權力，所以自神話時代（神代）至今依舊維持「萬世一系」。秦始皇當然也想要「萬世一系」，但是僅維持二世三世。宋太宗曾經接見東渡宋國的日本高僧奝然，聽到高僧講到日本天皇時，曾嘆「只有島夷才有可能」，即日本能而中國不能。明末流亡到日本的大儒朱舜水，當了水戶藩藩主的

座上賓，朱氏看到日本的封建制度才大嘆：「周代的封建理想到了日本才能夠親眼目睹。」

日本天皇的萬世一系，有史以來只有政體變而國體不變，到了列強時代日本維新開國，「文明開化、殖產興國」，迎戰強鄰大清帝國和世界最強的陸軍大國：俄國，好不容易才生存下來，在那種時代是非常不容易的成就。

中華帝國的帝制維持將近二千多年，還能從易姓革命中不斷復活。可是到了二十世紀，已經無法重生。袁世凱的帝制和張勳的復辟已無法得到民眾的支持，則說明了現代潮流的變化。

清代自乾隆盛世以後已經開始走下坡，自然環境和社會環境開始惡化崩潰，所以教匪、會匪之亂不斷，且光是十九世紀一場天災，就餓死千萬人以上，像這樣的崩潰情狀，各地不斷上演。

清末經濟社會情況有一段時間好轉而得到改善，被稱為「黃金的十年」。但經濟社會生活好轉，卻反而帶來自滅，這豈不是難以想像的情境？羅馬帝國也被認為是亡於「麵包和馬戲」（政府免費提供大眾娛樂），不但「無內憂外患，國之將亡」，而且過於飽食享樂，帶來了自滅的下場。

中國自鴉片戰爭以後，已經開始推行洋務運動，奮

發圖強，推行富國強兵的政策，可是他們一直看不起的日本東夷蕞爾小國，為什麼只用二、三十年就能打敗清、俄二大超強帝國？這對於中國的知識份子和官僚來說是一大衝擊，從師西夷改而為師東夷，也是理所當然。在西洋學者的眼中，清國自戊戌維新到立憲運動的清末，是「中國日本化」的「黃金的十年」。

清國因為洋務運動受挫，後來張之洞、劉坤一建議轉向日本學習，當然日本也為了在列強的時代求生存，更積極協助清國近代化。雖然清朝最後的「黃金十年」為中國未來的脫胎換骨打下了良好基礎，但依舊無法挽救中華帝國的衰亡命運。

第二章

辛亥革命大話連篇

一、甲午戰爭對清國的衝擊與歷史貢獻

　　二十世紀可以說是革命的時代，革命的背後當然有舊體制的崩潰或瓦解。近現代史中，自西方的工業革命和市民主義興起之後，典型的近代國家如英、法二國的國民國家，民族主義也成為時代的一大潮流。日本也開始開國維新，德國、義大利也相繼統一成為近代國民國家，到了十九世紀中葉，諸近代國民國家已成為列強的時代，歷史漸從「大陸時代」走向「海洋時代」。

　　本來歐亞大陸自有史以來，不論東洋、中洋、西洋，都有文明的盛衰和大國的興亡。秦漢帝國和羅馬帝國，隋唐帝國和東羅馬帝國、拜占庭帝國，都是同時代的類似興衰例子。

　　蒙古帝國興起以後，東亞大陸各文明圈有了更密切的交流。蒙古帝國崩潰之後，以往蒙古人的各領地，紛紛誕生了類似「天下國家」或者「跨洲帝國」的國家，例如受到韃靼統治二百多年的斯拉夫，以莫斯科大公國

為中心，獨立之後發展成為俄羅斯帝國。東亞東北森林中，也發展成了女真人（滿族），和北元的蒙古人聯合成為大清帝國。以外還有鄂圖曼土耳其帝國，以蒙古人後裔自居的印度莫臥兒（Mughal）帝國，堪稱是近代四大帝國。可是到了十八世紀莫臥兒帝國滅亡、印度成為大英帝國殖民地之後，「天下國家」的時代即氣數已盡。

到了二十世紀初，已經是列強的時代，所以近世以來，這些類似的近世大帝國已經無法存活，不但中國在這個時代有辛亥革命，俄羅斯帝國也有十月革命，土耳其有凱末爾領導的國民革命，連一直是歐洲最大龍頭的奧匈帝國，也在同一時期崩潰。這是時代的必然，也是潮流的使然。如果用人民共和國以後中國文人最喜歡的馬列主義語彙，這叫做「歷史的必然性」。

同樣的，二十世紀中葉以後，不但二次大戰龍頭的殖民地帝國/戰勝國，都逃不了殖民地帝國大崩潰的時代潮流，被支配的各殖民地也紛紛獨立。近代國家突然間不到半個世紀，急速增加了三倍，到二十一世紀的現在，已經達到二百個國家，唯一例外的只有中國，依舊成為新的殖民地帝國。

二十世紀末，西方的社會主義帝國同時崩潰，結束了東西冷戰。中國稱之為「蘇東波」，可是也只有以中

國為首的儒教文明圈的社會主義國家倖存。這是為什麼呢？後篇會詳述。

辛亥革命的時代背景是在這一時代的大潮流或大環境中所發生的，並不是什麼偉大的「先知先覺」來領導，或者是毛澤東所強調的什麼「人民才能創造歷史的力量」。看歷史，瞭解歷史，當然不只必須認識各種史觀、史論、史說，也必須參考近因、遠因，瞭解時代潮流和背景，以及時代所帶來的侷限，每個時代都有該時代特有的價值觀、人生觀和世界觀，不可同日而語。

國家、民族、宗教、文化不同，當然價值觀、歷史觀也不一樣或不盡相同，至少中國的歷史是離不開政治，「辛亥百年滿口謊言」則是我對中國近現代史的史觀。

## 二、立憲派到底如何締造民國

　　大概在台灣受過教育或愛國宣傳的民眾與學者，一談到民國建立，就往辛亥革命一直談到抗日，都是由國民黨一手包辦成功的這種方向來思考，如果讀者能看看年表，就可以知道在辛亥革命以前，革命三派大團結的革命同盟會，尚未革命就吵吵鬧鬧，老早就瓦解潰散了。辛亥革命以後的主流，其實是立憲派和新軍，國會的主角是宋教仁，政壇、軍界的實力者則是袁世凱。

　　孫文雖然一時屈居袁氏政府的鐵路大臣，可是宋教仁被暗殺後，反袁的二次革命不成，大家爭相逃命。孫文也在背後圖謀不軌，所以不得不先逃為妙。國民黨的前身是孫文在東京所創立的中華革命黨，創黨時，黃興等革命同盟會以來的同志，早已看破孫文的手腳，不再與他稱兄道弟。

　　民國的肇造，當然革命派也扮演了相當關鍵的角色，以老廣東為主流的孫文派，雖然是邊緣人物，當然也

「功不可沒」。可是孫文所主張的邊境革命，十次起義十次失敗，即使是「黃花崗七十二烈士」在辛亥革命史上，頂多也只是如同歷史泡沫一樣，沒有起到關鍵性的作用，對大清帝國近三百年基礎的震撼力是不夠的。

清末體制變化的推動力，大概有三個派系。李鴻章、張之洞和劉坤一、袁世凱這些實務派官僚，自洋務運動以來扮演了近代化的角色，當然不會贊同「驅逐韃虜、恢復中華」。而立憲派在革命派和務實官僚派間，扮演了中間角色，其影響力實際上遠遠勝於革命派，他們比不上革命派在歷史上搶風頭的唯一弱點，就是沒有像「孫大砲」這種到處吹噓表演的角色而已。

維新立憲派雖然被看成是「體制內改革」，可是實務人材陣容堅強，又經歷過戊戌維新、庚子新政和1906年的立憲準備，以及1909年各省所成立的地方議會諮議局等過程，擁有腳踏實地、一步一腳印的實務經驗，比起革命派充滿綠林幫會匪徒、光靠喊打喊殺的烏合之眾，實力差別可見一斑。

例如張謇（狀元出身）、湯化龍、譚延闓等立憲派的領導人，多半活躍於地方議會，辛亥革命以後，也成為新政府的核心人物，新軍裡面雖然革命派不少，但是多數還是受到立憲派的影響，因為軍人會全面倒向暴力革命派，在歷史上來說是少數中的少數。

　　所以辛亥革命後，各省獨立的聲浪多由會黨和新軍帶頭，可是經過爭權奪利之後，往往都落入立憲派清政府舊官僚之手，也可說是共和國體制仍舊是實力官僚、立憲派和革命派彼此妥協所產生的革命政權。

　　有關各省獨立後，各派實力的變化，革命派軍人吳玉章將其分成五類：1.新軍雖然起義成功，但是缺乏有能力的領導人，因此權力落入立憲派之手；2.民眾和新軍起義，革命派雖然一時掌握了權力，可是受到立憲派和舊勢力的打擊，權力被奪；3.民眾起義前，各地的立憲派利用革命勢力威脅清朝官吏，逕自宣佈獨立，然而權利依然被清朝官吏所掌握；4.革命戰爭爆發後，新軍驅逐舊勢力，改變政權；5.革命派與立憲派各自在四川省成立軍政府，結果前者向後者投降，權力被舊勢力所奪。

　　在孫文尚未趕回中國奪權之前，11月30日至12月3日，在漢口英租界舉行「各省都督代表聯合會」時，負責起草「中華民國臨時政府組織大綱」的是江蘇諮議局議員雷奮，雷是立憲派巨頭張謇的門生，而張謇又是李鴻章的心腹之一。張謇和梁啓超二人都身兼北京和南京兩政府的大臣之職，左右逢源。

## 三、辛亥革命的膨風本質

辛亥革命的常識，在台灣不但一般人不一定瞭解，連教師和歷史學者恐怕都霧煞煞。在台灣，普遍觀念都認為「沒有國父孫中山先生或沒有國民黨，就沒有辛亥革命，也就沒有中華民國」。到底歷史事實是不是真的如此？這種「膨風」的黨化教育史觀，和共產黨那個「沒有人民解放軍就沒有中國共產黨，沒有中國共產黨就沒有人民共和國」一樣，事實上都是「老王賣瓜、自賣自誇」的宣傳之詞。

辛亥革命的時代背景，不但和俄羅斯的十月革命和土耳其國民革命一樣，甚至和日本的明治維新都是相似的時代潮流所使然，並非獨出於某人某黨某派所為。

自英國工業革命和法國大革命（市民革命）以後，近代的國民國家到了十九世紀已經成為列強，像大清帝國、鄂圖曼土耳其帝國和俄羅斯帝國這些巨型帝國，在時代潮流或者是生

態學上，根本已經缺乏生存競爭能力，天下已經變成不是「大」就可以通吃的時代了！

　　清帝國的問題也並非什麼政府腐敗、列強侵略……那些黨化教育教科書所灌輸的老問題而已。如何生存競爭、在列強時代中生存，如同日本開國維新後的「文明開化、殖產興業」成功一般，清帝國並沒有成功。日清甲午戰爭、日俄戰爭，日本成功展示了維新的成果，從一個東海上的蕞爾小島、被中國人視為「小日本」、「東洋鬼」的國家，竟然打敗大帝國而成為列強之一，而且萬世一系的國體基本不變，這是日、清二國成敗的關鍵。

　　清國的洋務（自強）運動或戊戌、立憲，其實都沒有1919年的五四運動推行「科學、民主」的運動來得徹底，所以命運當然和日本截然不同，走上了以法國大革命為「模型」的辛亥革命一途，這是不變的時代大背景。

　　「國父孫中山先生立志革命」的時代，除了李鴻章、袁世凱以外，當然還有康有為、梁啓超等不同的改革或維新想法。除孫文的興中會老廣東派系團體之外，革命團體還有華興會、光復會等各派系，都有複雜不同的想法和理論。辛亥革命也沒有什麼人出面領導，是相當滑稽的發展狀態。而一爆發竟然能燎原，這一社會和

時代背景是很複雜，不能輕輕一筆帶過。當時，孫文這個人在整個清末社會力學上，不但是個邊緣人物，甚至在革命團體中，自革命同盟會潰散後，根本是過街老鼠人人喊打，毫無影響力。

武昌起義當時的士兵有三千人，10月22日由長沙延燒到西安，29日太原、30日昆明，11月2日是上海和南京，全國二十四省區中，已有十五省支持革命，之中決定勝負的力量是新軍。由新軍掌握了各省的地方稅金、財源，才整個主導了革命勢力的發展，變成革命政權的主要力量。實際上，掌握各地諮議局的是地方立憲派官僚和新軍，集合各省諮議局的立憲派立即開設國會，實現議會內閣制，早在武昌起義之前的1911年5月已經開始展開，總理以下十三人中，滿族、蒙族佔了九人而已。

清朝在國策上為了將鐵道收歸國有，立憲派中反對此策者頗多，所以立憲派未能和各地革命派結合，以打倒滿清建立民國為共同目標，因為鐵道國有化和以地方勢力為主的立憲派有根本上的利益衝突，這些衝突包括湖廣鐵路計畫、鐵路貸款等，立憲派利用群眾運動反對鐵道收歸國有，運動擴大到連農民也加入抗爭，而成為大暴動，其中四川保路同志會的力量強大，成為壓垮清政府的最後一根稻草。

## 四、孫文為何出賣南京臨時政府

　　為何「國父孫中山先生」當了「中華民國大總統」以後不久，就將職位讓給袁世凱？按照國民黨黨化教育史觀的說法，是「功成名就、淡泊名利」而半被逼半威脅地搞「讓賢」、「禪讓」的把戲，是「國父孫中山先生」的美德和民主作風。

　　如果按照教科書上寫的，老師這麼教，學生囫圇吞棗，考試照寫過關，但是如果你問老師：「如果『國父孫中山先生』禪讓給袁世凱，發揮民主的美德，那為什麼他的遺囑還要寫『革命尚未成功』呢？」在黨化教育時代，提出這一類的問題，一定會被教師認為是「思想有問題」「偏激、乖僻」，甚至被通報到警備總部進行管制。筆者在高中時代，就因為問了這個問題，被叫到教務主任的辦公室訓話，還被留校察看過，經過一番折騰才大事化小事，小事化無事，可見得這個黨化教育歷史中「不能說出的秘密」，有些文章不足為外人道

也。

　　有關孫文為何「禪讓」總統大位給袁世凱，這種「思考模式」是國民黨黨化史觀的一貫意識形態。如果從客觀的歷史過程來解讀，應該要說「為何南京政府被北京政府合併吸收」、或者從「為何會實現清帝退位、南北統一？」這些角度來解讀這個過程，才能夠觀照整個歷史格局。如果以人物來論史，並不是孫文「禪讓」，史實上是孫文「臣服」於袁世凱，被收編或者賜予鐵路督辦大臣的官位。

　　當時支持支那革命的大部分日本志士，例如犬養毅、頭山滿等人，大多認為孫文的這個行為是「背叛革命」，覺得自己的努力被孫文出賣了，孫文沒有堅持理想到底。最感到憤憤不平的是革命同盟會盟員北一輝，他批評南京臨時政府之所以選出孫文為臨時大總統的過程，有如當時攻佔南京的革命軍將領，為了爭功而將當過巡撫的老廢物程德潛推到台前來當都督一樣。北一輝是宋教仁最親密的戰友，在《支那革命外史》一書中，指摘暗殺宋教仁的幕後主使者是孫文和陳其美。

　　事實上，觀察孫文在「禪讓」之後的行為，顯示出他其實是「心不甘、情不願」，根本沒有什麼「民主素養、風範」，甚至透露出他的「被迫害妄想」，認為是袁世凱、宋教仁奪他的權。所以，反袁護法運動一直

沒有中斷，哪來什麼「禪讓的民主風範」？孫文至死其實都不甘心，當了袁世凱的鐵道督辦，照樣帶了全國各地的美女、搭著西太后的「專列」，到處遊山玩水，煩了膩了之後，一時興起就搞革命、鬧叛變，美其名就稱「護法運動」。

孫文的革命生涯最大的特質，就是「專門靠他人革命」、「死道友不死貧道」，沒什麼責任感。例如孫文給鄧澤如的書簡上，說他「讓位」給袁世凱，是因為他「當上總統卻形同傀儡，大家都不理會他的主張，所以責任不在他身上」。當他討袁失敗後，流亡東京改組恐怖組織中華革命黨，不久又開罵「黨員不合作、不聽話、責任在黨員」，反正領導能力有問題，責任都不是他，因為他是先知先覺的偉人。

革命同盟會被改組為國民黨時，孫文雖然掛名理事長，但已被代理理事長宋教仁架空，形同傀儡。因為是傀儡，我們讀遍所謂的《孫文學說》，其實通篇都只在講一件簡單的事情：「孫文是先知先覺的天才，眾人都是愚民蠢婦、乖戾刁民，所以革命未成錯不在他，都是他人的錯，他孫文是先知，不管怎樣一定是對的。」

令孫文出乎意料之外的是，為什麼辛亥革命成功他不知道？其實何止是他不知道？清廷也不知道，清廷如果知道而預先採取防範措施，也不會有武昌起義。更令

他憤憤不平的是，辛亥革命成功後，當他趕回祖國參與國事時，連革命同盟會的同志都對民國的體制有既定概念，沒有他這位革命邊緣人物發言的空間。中華民國的體制，已經被立憲派所掌握的各省都督府代表聯合會所決定完成。革命派失去了影響力，加上孫文趕回國奪權時大勢已定，只有擔任臨時演員粉墨登場，當個傀儡臨時大總統的份。可是在政敵宋教仁主導下，參議院也通過了「臨時約法」，孫大總統權力已被架空，府院關係對立，孫文一怒之下，乾脆來個同歸於盡，將南京政府整個出賣給袁世凱，換個一官半職來當當，這才是真實的歷史情境。

因為中國在清末民初還是「文盲國家」，識字目標雖然定為5％，但是當時受過教育的人口只約2％。所以要如何選出國會議員？可見其困難。可是在很多有志之士的努力之下，從1912年12月到1913年3月，各地以「每年交稅2元以上、且擁有小學教育程度的男性」為基準，成為有投票權者，這大約佔了成年男性人口的30％，總共約四千七十八萬人，選出八百七十人的參眾兩院議員。由宋教仁、梁啟超、張謇各組共和黨、民主黨和統一黨，後來則合併成「進步黨」。

在國會成立以前，中華民國的臨時大總統，由出席參議院會議的十七省代表四十五人（後來山東省退出）選出孫文為臨時大總統。後來孫文因向外借款被爆料，不得不辭去臨時大總統一職，出席參院會議的十七省代表乃一致再選出袁世凱為臨時大總統。參議院向袁總統的報告如下：「本日

五、最初統一中華民國的袁世凱

執行總統選舉，滿場一致選出　先生爲臨時大總統。回顧世界史上，滿場一致所選出的大總統，僅華盛頓一人而已。公爲第二人。吾人認爲公乃第二華盛頓，深祈公爲中華民國最初的華盛頓。」

袁世凱在眾望所歸之下，終於完成南北統一。

辛亥革命後，各省爭相宣佈獨立，清帝國已是四分五裂。爲了處理善後，清廷不得不再請出被左遷的袁世凱出面組閣收拾殘局，事實上當時也只剩下袁世凱一人有能力重整政局。袁不但是新軍的領袖，袁軍也只知有袁世凱、沒有清廷，只願爲袁世凱賣命出力。

當然，這是中國國內的問題，但是在列強時代，列強諸國是左右中國國內動向的主要力量，當時最具影響力的是英國。英國最早表態支持袁內閣，希望以君主立憲來達成南北統一。日本雖然尚未承認南方革命政府、斥其爲「交戰團體」，但默認革命政權存在的事實。日本政府並沒有極力阻止民間支援「支那革命」。英國後來改變初衷，主張建立共和制，日本就隨後跟進，贊成英國所希望的南北共和，其他列強也就形成骨牌效應般的共識。

當然，南北議和的過程已經是實力原則，而非僅僅靠勇氣、或什麼革命意志、理論就可以行得通。南方派出曾經擔任過駐美公使的伍廷芳擔任南北議和的代表，

和代表北方的唐紹儀在上海商談議和條件。

伍廷芳所開出的條件，是廢清廷、採用共和體制、優待清帝皇族等。唐紹儀則辯稱僅代表袁世凱個人，未被賦予承認共和條件的權限。袁所提出的條件是：1.大清帝國改稱「中華聯邦共和國」，皇帝是聯邦共和國國王，各省選出上下兩院議員，再公舉大總統；2.國王在憲法上為特別職，不實際參與政治，大總統則擁有行政、宣戰、議和、締結國際條約、發佈法律的權力。袁所提的政體類似雙首長制，亦即權威和權力分開。

事實上，到了辛亥革命後，不但袁世凱，連立憲派也已不再堅持像英、日一樣的君主立憲制。袁世凱、孫文、黎元洪等各派，大都主張聯邦制。梁啟超的弟子、雲南都督蔡鍔反對聯邦制，主張立即組織強而有力的統一政府，行使民主立憲，早日結束軍政。

南北協商，實質上僅僅是北京政府收編南京政府的談判，過程中討價還價而已。最後連袁世凱來南京就職的要求都被否決，等於南京政府無條件投降，南京政府又重新踏上革命同盟會的覆轍而壽終正寢了。

六、為何不是「國父袁世凱先生」？

「國父孫中山先生」在台灣是一句通用語，可是台灣以外的地方，例如中國境內都沒有這種稱呼。記得在學生時代接受國民黨黨化教育，一聽到「國父」或者「蔣總統」都一定要挺身肅立，或者書寫文章時，要將其當敬稱而空一格、一段來表達敬仰。

家有「家父母」，國有「國父」，理所當然。可是並不是所有的國家都有「父」，例如日本就沒有什麼「國父」。

中國是「家父長制」國家，但也可以稱是「家產制」國家，國是家的延長，所以稱之為「國家」。

本來孫文在中華民國的建國史上，雖然曾經是革命的領導人，可是從生到死一直都是邊緣人物，在日本有時也有人稱孫文為「支那革命之父」。可是在中國，到底在什麼時代，他才被稱為「國父」？

自民國時代一開始，就是南北政府的對立，「大總統」、「大元帥」

到處都是，可是就沒有任何人被稱為「國父」。

民國以來，既然一直沒有「國父」這種人物出現，重慶政府時代的中國國民黨就決定以孫文做為「國父」，並在1940年1月由重慶的國民政府「通令全國」此稱呼，當然是為了對抗汪精衛南京政府的成立、搶奪「法統」地位而來的權宜之計。

秦始皇吞六國統一中國（天下）成功，被稱為「中華帝國之父」，毛澤東領導社會主義革命成功，建立人民共和國，被稱為「人民共和國之父」，這二位都是靠實力取得天下，當之無愧。不管人物的評論如何，是無可反駁的。

孫文「革命尚未成功」，蔣介石雖北伐成功，建國也未成，所以兩人當民國之父，難以讓全中國人心服口服。

辛亥革命後，雖然各省紛紛獨立，群龍無首，黎元洪和黃興知名度不夠，曾經擔任過四川總督的岑春寧，當時有「北有袁世凱，南有岑春寧」之稱，眾望所歸，可是後來不了了之。此時剛好孫文在美國得知中國爆發革命，機會難得，向舊同志聲稱繞道歐洲募款回國。事實上，他回國時兩手空空，只帶回來「革命精神」，按照鈴江言一的《孫文傳》（1950年 岩波出版）指出：「孫

文之當上『臨時大總統』，傳聞當時是因為找不到適當
的人選，就以『臨時演員』的身份粉墨登場。」北一輝
也指稱：「從革命的理想或運動來看，孫文根本就是一
個『無用的木偶』。」

1912年元旦，孫文就任南京的臨時大總統，2月12
日溥儀宣佈退位，2月14日袁世凱就當選北京的「臨時
大總統」。

袁世凱逼清帝宣統退位，還政於民國。並收編南京
政府，實現南北統一，並經由國會正式選出為第一任大
總統。論實力，是當時的最高領導者，不但革命的聖地
武昌，連南京政府都落入袁軍之手。即使孫文，也稱袁
是「中國華盛頓」。袁雖然不如法國大革命後的拿破崙
稱帝成功，但是建立民國、奠定國基、統一南北、實現
民國的，還是袁世凱。因此中華民國的「國父」應該是
袁世凱才對。孫文頂多是中國國民黨「黨父」，那麼為
什麼袁沒有被尊稱為「國父袁世凱先生」呢？除了形象
以外，北京政府的中華民國被北伐的南京政府滅亡，成
王敗寇也是原因。

## 七、民國內戰時代的列強軍師

近代的戰爭和遠古的戰爭形態有差，決定勝負的條件不同，戰略戰術暫且不論，精神變數也除外，最主要的決定因素還是速度與火力。

中國自古以來，一直無法抵抗北方的游牧民族，不得不建造萬里長城來防衛家園，在漢代對北方戰略問題的爭論中，已經道盡農耕民族和游牧民族在戰場上的優勝劣敗。中國一直打不過北方的夷狄，除了糧食補給的問題之外，最主要的還是無法抵擋北方游牧民族騎兵的速度。他們來無影去無蹤，所以在戰國時代，就有趙武靈王和群臣的「胡服射騎」軍政改革的芻議。

十七、十八世紀時代，滿蒙八旗軍，光是滿族就已天下無敵，最主要的就是其騎兵的速度，直若以一騎當千，在明末，滿人人口約只有漢族十分之一，甚至百分之一而已，就能夠征服中國睥睨天下，這就是滿人騎兵壓倒性的速度戰力使然。

　　可是到了盛清過後，不會騎馬的八旗軍越來越多，戰力也就日漸從綠營、團練、鄉勇一直轉移到新軍上。綠營是步兵，民軍的性格，對山岳戰場的適應不良，例如清代駐台灣的部隊就是綠營，每次由名將率兵入山討伐原住民，經常數千兵勇全軍覆沒，戰果頂多就是斬獲一兩個頭顱而已，戰力懸殊可見一斑。

　　清朝自鴉片戰爭以後，每戰必敗，而且動員兵力往往是敵軍的數倍、數十倍，卻都無法取勝，因素極多，但最主要的是軍隊在速度與火力上，遠遜於列強諸國的軍隊。即使是以人海戰術或誘敵深入也打不過敵軍，甚至「八年抗戰」期間，各個戰場上，中國軍隊的數目大都在日軍的十倍以上，但是也不得不一路敗退到重慶。

　　清末的新軍創立，最初是以德國的軍事教練為主，日俄戰爭以後，中國各派系、各地軍隊紛紛改聘日軍教官。民國時代的內戰，北洋軍閥、南方各軍閥的內戰、國民黨內戰、國共內戰，除了軍事武器等等援助都由歐美各國支援，主要的軍事訓練教官依舊是以日本為主。所以，二戰後的「漢奸裁判」當時，汪精衛的未亡人陳璧君所解釋的：「如果說汪精衛是日本的傀儡，那麼蔣介石就是美國的傀儡，毛澤東則是蘇聯的傀儡。」民國的內戰，事實上是列強在幕後的代理戰爭。

　　民國內戰如果沒有列強的軍事顧問，可以說根本無

法打仗。所以民初各系軍隊多聘用日籍軍事顧問。1919
年的五四運動反日風潮開展後，廣州軍政府成立，即改
聘第三國際、也就是蘇聯的軍事、政治顧問為主要陣
容。後來蔣介石改採用反共政策，故改聘德國參謀總部
的軍事顧問。特別是北伐以後，南京中央軍校的色耶爾
上校（Hermann Kriebel）就是顯著的例子，之後德國參謀
總部在名將魯登道夫推薦下，改派喬治威茲爾（George
Wetzell）將軍（號稱是德國的史迪威）為團長，率領四十名
軍事顧問團，改造蔣介石的嫡系部隊。如果從廣州軍政
府的東征到北伐，然後經過國民黨內鬥的中原大戰到國
共內戰，每個戰場幾乎都是列強的軍事顧問為參謀主
力，教導中國人打近代戰爭。

　　一直到1940年9月，日德義三國同盟成立後，日本
向希特勒抗議，德國終於不得不將軍事顧問團撤回，蔣
介石改聘美國軍事顧問團，後來史迪威和蔣介石互相蔑
視（史迪威看不起蔣介石無才無能，稱其「花生頭」），則是有
名的事件。

八、南京政府被北京政府合併吸收的真正原因

　　南京政府被北京政府所合併吸收，這其中臨時大總統孫文的個人因素其實非常重要。包括他個人的性格，或一時對時勢走向的判斷錯誤，也是當時左右政權變動的重要因素。

　　例如1921年8月28日，孫文致蘇俄外交人員契切林（Georgy Vasilyevich Chicherin）的書信上，也承認辛亥革命時，辭去臨時大總統職位，是政治判斷的錯誤。還有性格類似革命浪人的孫文個人在做人處事上也要負很大責任。如果大家能夠冷靜的看待孫文的一生，可以說有如瘟神一般，十次起義十次失敗，辛亥革命後三次革命、四組政府也都全部失敗，任何革命團體或政府組織，只要一經他插手必定分裂，或是不歡而散、反目成仇。當然，孫文在臨終前也承認「革命尚未成功」，這就是所謂「人之將死其言也善」。

　　胡繩的《孫中山革命奮鬥小史》中，甚至斷言南北統一是「革命勢力

的投降」，是「孫文認識和經驗不足所致」，「辛亥革命後的六年間，對孫文來說是完全失敗的歷史」。

　　當然個人因素也不能說沒有，可是比個人因素更大的非人為所致的因素影響更大。吳三桂或汪精衛要「賣國求榮」，事實上也不那麼簡單。孫文的出賣南京政府，也是如此。南京臨時政府的成立，從頭到尾也不是孫臨時大總統一人所能決定的，孫文後來將所有責任推給別人，也是眾說紛紜。如果將臨時大總統和政府分開來分析，可能會更容易理解。

　　民國自成立以來，從臨時政府一開始，就是「一國兩府」或「一國多府」的國家，總統或大元帥一職有如走馬燈一樣，總是變來變去。

　　實質上，民國並不是「一個中國政府」，可是在原則上是「一個中國」，其中牽涉到國際法上「政府承認問題」。孫臨時大總統的革命政府，雖然對外宣佈推翻滿清專制，建立民國，並承認「凡革命以前，所有滿清政府所借之外債及所承認之賠款，民國亦承認償還之責」，「滿清政府所讓與各國或個人之種種權利，民國政府亦照舊尊重之」。儘管如此，也很難得到列強的「政府承認」，北京政府還是清帝國的「繼承政權」。

　　革命要有資金，也要有實力。新政府更加如此。問題是維持新政府的資金要從哪裡來？稅金的徵收要有實

力。辛亥革命後不到兩個月內就有十六省宣佈獨立，參加革命政權，可是到了中華民國臨時政府成立時，除了南方以外，重要革命重鎮已經全部被袁軍所奪回，連「各省督辦代表聯合會」都不得不在漢口英租界開會，雖然南京一度被革命軍攻陷，各省代表才能在南京開會成立「臨時政府」，但是後來連南京也不保了，南京政府實質上空有其名，政權、控制地域也不安定，已經如風中殘燭一般，天命註定如此。

雖然臨時政府號稱「統領江南流域十餘省」，但實際上並未有統治，也沒有直轄財源。沒有政治或軍事實力，就沒有財源，沒有稅收就靠國債，可是革命政府信用尚未被確立，國債乏人問津，僅募到五百萬元。

既然沒有財源維持，臨時政府最後只好一不做二不休，以固有財產抵押來向列強諸國貸款，連已不在自己手上的漢冶萍公司也被做為擔保，向日本借款。孫文賣國行為一被爆料，政敵章炳麟、張謇、黎元洪等各派群起圍剿，孫文一時成為賣國賊，人人喊打、眾叛親離，在走投無路之下，乾脆趁著革命政府命在旦夕的機會，高價出賣給袁世凱，以達成「南北統一」。

# 九、辛亥革命失敗的綜合分析

有關辛亥革命的挫折，南京臨時政府被北京政府所收編，由反革命的軍頭袁世凱來統一南北。後來又不得不二次革命，結果也是兵敗如山倒，爭先逃竄。辛亥革命為什麼失敗，論點很多，當然有個人，也有南京臨時政府的原因，其他也和傳統文化有關係。

以個人的問題來說，孫文只出一張嘴，專門在背後靠人革命，在革命派中自革命同盟會以來，既缺乏領導力，還常常自以為是，所以少有人信任他，也和他很疏離。所以被同志們指摘為背叛革命、出賣革命，就像北一輝所指稱的，僅是「革命的木偶」而已。

南北議和當時，南方革命派被袁世凱收買的傳聞，在民間普遍流傳。有一說是北方議和代表唐紹儀到上海時，帶來一百萬銀兩。而居間協調南北議和的英國人莫利遜（Morrison）也帶了三十萬銀兩到上海，來收買南方

反袁派和有實力的革命派人士，

　　既然被收買者不只有孫文，所有實力派反袁人士都
被收買，也已經無法左右整個中國的走向。因為南京的
臨時政府革命派已經不是主流。孫派也潰不成軍，早被
有組織能力的宋教仁架空瓦解。革命派早在革命熱情退
潮後即不再醉心革命了。

　　比如吳玉章在《辛亥革命》（1961年）一書中說，
南京臨時政府內部的多數革命黨員，受到官僚政客的影
響，慢慢地失去了革命意識。橘樸的《中國革命史論》
（1950年）也說，同盟會成員大多數熱衷於功名富貴，
企圖出賣革命的人不少，因此一旦建立了共和，許多同
志皆與孫文分道揚鑣。更不用說在辛亥革命後，早在革
命同盟會時代，興中會、光復會的領袖早就和孫文成為
不共戴天的政敵。

　　革命各派不但已失去革命情感，又失去革命熱情，
民眾又不願意內戰爆發，一旦戰爭，被掠奪的受害者一
定是普通民眾，所以不但南京臨時政府註定滅亡，二次
革命又要掀起戰亂，自然得不到民意的支持，也是註定
失敗的。

　　孫文當大總統不到三個月，就乾脆將臨時政府出賣
給袁世凱，醉心革命的人士當然反對叫罵，但是對孫文
來說，也是一人無力可回天，最大的原因是他個人無能

維持革命勢力的團結，在軍事上也沒有優勢，臨時政府
迅速失去民心和控制地域，早就有名無實，大員紛紛各
奔東西，而且又缺乏財源，臨時政府內部內訌不斷，加
上列強諸國不給予承認，種種因素也讓孫文走上出賣臨
時政府的路子。

　　日本支那學始祖內藤湖南在他的《支那論》序文
中，指出革命派失去地盤的理由，是沒有掌握「收攬人
心」的秘訣。「如果南京革命政府在成立當初，能夠提
供手頭上的千萬兩資金，也有可能由革命政府來達成統
一。」革命派不但缺乏領導人，沒人又沒錢，又缺乏有
魅力的領袖，於是輸給了北京政府。當然革命志士還是
少數，在已經有二千多年帝制歷史的中國，不但易姓革
命不簡單，史無前例的「國民革命」更談何容易？

# 十、超過五代十國的民國大亂

在中國歷史中，到底什麼朝代的天下最亂？大家可以聯想到的，可能是所謂春秋戰國、三國時代、五胡亂華、五代十國，或者是歷代易姓革命的戰亂。

但是，如果從戰死人口數目來說，太平天國約五千萬人，另有一說是全中國人口的五分之一；回亂被大屠殺的人口約有二千萬，甚至是人口的十分之一；黃巢之亂的屠殺人口數字推算約八百萬。戰國時代的人口約有三千五百萬人。漢代人口最多時有近六千萬人（森鹿三推算連同奴隸人口約有一億），但是三國時代僅剩下七百多萬人。

唐代自安史之亂以後，雖然也有中興氣象，可是已經成為藩鎮割據的局面，黃巢之亂以後幾乎淪落為「阿鼻地獄」的境界。五代十國在大約半世紀、五十四年間，就換了五個王朝，政權有如走馬燈一般轉換，最後的後周也只撐了三代十七年的時間。

「五代十國」顧名思義，是政權極不安定的時代，五代十國以外還有唐代以後的中世列強存在，內外環境和民國時代極爲類似。民國時代，若按中國歷代王朝的歷史性格來看，民國可以說是五代十國的「現代版」，亂象有過之而無不及，所以民國前史（1912～1950年）可以說是中國歷史上天下大亂最恐怖的時代。

六朝的時代，可說是貴族社會的時代，可是到了唐玄宗時代的安史之亂以後，貴族的勢力開始沒落而日漸被藩鎮（軍閥）勢力所取代。五代王朝的主角也可以說是有力的藩鎮取代沒落貴族的歷史重演而已。

辛亥革命後，民國是從南京政府和北京政府的「一國兩府」或「一國多府」開始。自秦始皇以後，或更早的三代，中國的「天下國家」原理就是「天無二日、地無二王」的一君萬民制度，可是到了民國以後，世界的潮流走向國民國家的近代化，民國初建，國體、政體已經大大改變，到底是大總統制還是內閣制，還是按照孫文所主張的一定要「軍政」「訓政」到「憲政」，究竟如何是好？眾說紛紜，人多口雜，政權極不安定。再加上袁世凱的帝制、張勳的復辟，有若法國大革命以後，也是共和制和帝制翻來覆去。

可是自從孫文聯合不滿北京政府的各勢力，到廣東另立門戶、成立軍政府之後，不但南北各有政權，國民

黨內部也進入「一黨多府」的內訌時代。到了「八年抗戰」，也形成南京、重慶、延安的「一國三府」的「現代三國演義」亂象。從各軍閥武裝勢力的混戰，直到國共內戰，這將近五十年的時間，中國人殘殺中國人，殺到寸草不生，光是四川一地，從辛亥革命後不到二十年，就有五百場內戰，隨著近代武器的發達，殺人效率的提高，戰爭的殺傷人數不斷攀升，因此民國後的內戰，實在是中國有史以來前所未有的天下大亂。

第三章

# 明治志士的辛亥革命

一、期待「支那覺醒」「支那保全」的大亞細亞主義

中國人喜歡「陰謀」，不只陰謀，毛澤東的「大鳴大放運動」更自稱爲「陽謀」，引蛇出洞、斬草除根。

中國人連看歷史都醉心於「陰謀史觀」，能夠冷靜來細說歷史、論述歷史的人不多。我個人就有不少切身經驗。近十年前拙著《日中戰爭》在台灣翻譯付梓時，統派報紙以整版面的篇幅來「揭露黃文雄的陰謀」。書評不應該是這樣寫的，可是統派媒體對「爆料」「揭露陰謀」這些空洞的動作非常陶醉，這可能也是來自中國人的民族根性。

如果要期待中國文人就事論事，客觀冷靜來讀史論史，恐怕是緣木求魚。例如日清甲午戰爭以後，日本的官民中有不少熱心於清國的改革，這是那個時代的明治精神。如何來抵抗歐美列強的勢力？是當時非西方文明圈各民族的共同課題。所以，日本開國維新以後，明治時代的志士還是充

滿「義工精神」和「俠義之心」，出錢出力，甚至犧牲
性命，毫無保留地貢獻力量，幫助清國站起來。

　　從當時的國際環境和日本國民的心胸，甚至從「時
代精神」來看，所謂「清國保全論」、「支那保全、東
亞保住」以至於期待「支那覺醒」，不只是大亞細亞主
義者的口號，也是一種信仰、主張和主義，更是當時日
本朝野和民眾的共識。當時的日本人認為：西洋列強在
中國爭奪權益、分割領土，對於一衣帶水的日本也是重
大的威脅。因此日清兩國必須攜手合作，並肩抵抗西洋
勢力。而最根本有效的做法，就是協助清國改革維新，
當然，基本上也是為了維護自己國家的長遠利益。

　　日中雙方想法、看法不同的原因，來自於不同的文
化、文明上的性格。中國人想要爬起來，就要對方倒下
去，所謂易姓革命非爭個你死我活，成王敗寇不可。可
是日本是從神道文化的「共生」和佛教的「眾生」思想
所教育的共生文明，所以大都認為只有共存共榮才能生
存自強。

　　可是，中國人依舊無法擺脫「日本陰謀史觀」，反
而指控日本協助清國立憲維新是別有居心，提供獎學金
讓清國青年赴日留學是「希望這些留學生成為日本的傀
儡」；協助中國進行改革，則是「日本想藉此控制中
國」，認為「日本自從明治維新以來，一心一意想要征

服中國」。有了這些固執的偏見，日本所作所爲在中國人的眼中，便全部變成侵略的陰謀了。美國傳教士亞瑟史密斯（Arthur H. Smith, 1845~1932）的不朽名著《中國人的性格》（*Chinese Characteristics,* 1894）中就說，中國人有嚴重的疑心病，而且也常常曲解事實，是非常精確的描寫。

　　日本明治維新之初，福澤諭吉主張「脫亞入歐」，是因爲對清國和朝鮮國的故步自封、無法覺醒，絕望而生出的主張，希望和亞洲的惡鄰惡友斷絕往來，可是，同時代的樽井藤吉有不同主張，著有《大東合邦論》，主張日本要和朝鮮合邦、與清國攜手抵抗西方列強，這是當時清、日、鮮東亞三國最具影響力的暢銷書之一。梁啓超不但爲其寫序推薦，甚至自己也主張「日清合邦」。那個時代，東亞三國的文人還存在著「同文同種同俗同洲」的認同意識，所以大亞細亞主義追求「支那覺醒」、「支那保全」，也是時代的精神。

## 二、力保維新與革命的日本志士

　　鴉片戰爭以後，清國雖然連敗給西夷，可是卻也同時強化了其對朝鮮的影響力，仍然是當時東洋的古老大帝國。在日清甲午戰爭以前，日本仍然受盡清國的壓力，在大清帝國眼中，日本人被形容爲「東洋鬼、喝涼水」，東方海上的島夷備受清國的欺凌和歧視，直到甲午戰爭之後，才對這個「島夷」另眼相看，開了眼界。

　　中國改朝換代時，文人往往逃亡海外避難，這在歷史上並不稀奇。明亡清興的時候，大儒朱舜水亡命日本，日本稱其爲「華夷變態」。這種現象比比皆是。戊戌維新失敗之後，康有爲、梁啓超、王照等人也都紛紛東逃到日本，亡命過程都有日本志士在背後默默幫助和保護。

　　中國「異議份子」的逃亡，一代比一代多，清代不如民國、民國不如共和國多。從這一點來看，中國的政治是越來越不能容忍異議，所謂「一言堂」是進步了，中國人多口雜，這

也是一種現象的反面思考。中國近來不只政治異議難民
越來越多，還有經濟難民、環境難民的現象，所以中國
政府乾脆鼓勵人民「走出去」。

綜觀清朝、民國和共和國三代政權，對異議份子的
打壓追殺，可以說一代比一代狠毒。例如清末有孫文自
吹自擂、加油添醋、自抬身價的「倫敦蒙難」，還有對
日本外務省要求離日三年、「贈與走路工」費用的事
情。袁世凱政府時代或蔣家政權時代，對於日本政府不
驅逐出逃中國的異議份子，往往給予諸多政治壓力，到
了共和國時代，不但李登輝、達賴喇嘛、熱比婭等人不
能出訪日本，甚至還不准這些異議人士接受贈獎，如江
澤民時代對李登輝1995年回美國母校康乃爾演講一事，
還譴責美國國會做出「錯誤決定」，要求美國「反省及
謝罪」。甚至背後以「鐵血鋤奸」等言語來恐嚇國際。

當年不管清廷如何追殺維新或革命志士，日本明治
時代的志士對這些異議份子大多出於景仰和俠義之心，
因此提出協助支持，特別是在資金援助上更不手軟。

日本開國維新的第一代志士坂本龍馬、高杉晉作、
西鄉隆盛等人，到1894年日清甲午戰爭時已經不在人世
了，第二代的維新志士如伊藤博文、桂太郎等人都位處
政府中樞，以日本的「國益」為第一優先考量，但是暗
中幫助中國異議份子的行動只有多、不會少。當時日本

極力支持中國革命的在野人士中，最知名的是政治家犬養毅和頭山滿。特別頭山滿是名滿全日本的「國士」，連在朝的首相都得敬畏他三分。

　　孫文在頭山滿保護之下，不但清廷、袁世凱政府拿他沒辦法，甚至連殺手都無法接近他。所以到孫文在北京臨終前，還不忘問起來訪的日本友人秘書道：「犬養好嗎？頭山好嗎？」雖然孫文後來投共，對以往對其庇護有加的日本志士是非常大的打擊。據估計，當時日本志士投入支援中國革命與維新的人數，知名者超過千人，較不知名者可能上萬人，這是明治維新時代的一種精神，也是時代風範。

## 三、領導辛亥革命的日本志士

綜觀辛亥革命的歷史記述，說中國的近、現代史幾乎少有日本人參與的相關資料，這等於是一部捏造的歷史。如果沒有日本人的參與，不知道辛亥革命是否能夠成功爆發？中華民國臨時政府是否能夠成立？

有關武昌起義的發生，台灣的國民黨版歷史教育中，頂多寫寫黃興或黎元洪這二位最關鍵的人物，對幕後出力者、現場賣命的日本軍人，幾乎都被國民黨化教育的歷史觀抹除殆盡。

事實上，在辛亥革命過程中，來自日本的陸軍中校大原武慶（1865～1933）在幕後出力最多，而現場指揮官則是陸軍中校寺西秀武。大原中校在甲午戰爭後，從1898年起即被湖廣總督張之洞聘入漢口武備學堂，專門訓練並指導新軍，他不但漢學修養高，又精於詩文，所以在他任職的五年之間頗得新軍人望。武昌起義之際，革命軍內部沒有具備實戰經驗的

指揮官，所以曾經歷甲午、日俄戰爭的大原中校，就順
理成章在幕後運籌帷幄，充任地下指揮官。

　　武昌起義名義上的現場指揮官是黃興，後來則是被
動擁立的黎元洪。黃興不是軍校出身，又沒有實戰經
驗，雖有勇氣又不怕死，但沒有戰場實戰經驗，空有勇
氣並不足夠。黎元洪雖然位階爲旅團長，對革命行動卻
相當消極，並非什麼將才，所以在戰場上的實際指揮，
就落在湖北陸軍顧問寺西秀武陸軍中校身上。寺西中校
不但整合各懷鬼胎的新軍及革命軍內部的矛盾，甚至還
協調了黃興與黎元洪之間的緊張關係，號令全軍反擊或
者撤退，有步驟和邏輯，更在漢口召集了參加過日俄戰
爭的日僑約四十人，接受砲兵上尉丸山的指揮，並且在
漢水上游架橋反攻，協助革命軍守住漢陽。

　　日本參戰部隊在漢陽之戰中死傷慘重，黎元洪眼見
漢陽防守戰一時失利，觀望之心升起，不但不派援兵支
援，反而刻意阻止黃興部隊退入武昌。在日本革命志士
的護航之下，黃興部隊才順利逃往上海。之後，特地趕
到上海幫助黃興部隊攻佔南京的幕後兵力，則是岡本柳
之助（1852～1912）率領的日軍部隊，當時參與南京攻城
戰的日本志士死傷慘重，可是不久南京即被張勳率領的
清軍奪回，發生了「南京大屠殺」。

　　將辛亥革命的情報傳達給遠在美國的孫文的，是曾

參加過廣州起義的日本志士菅野長知（1852～1947），菅野在接到黃興求援的電報後，立刻率領金子克己、布施茂、三原千尋、龜井祥晃、岩田愛之助、加納清藏、大松原藏等人前往作戰前線支援。

當時支持革命的日本黑龍會龍頭內田良平除了派遣北一輝立刻奔赴上海和武漢戰場支援之外，還派遣了葛生能久、清藤幸七郎進入上海蒐集情報，並且設置醫療團支援革命軍傷兵。此外，在陸軍軍務局長田中義一（後來的首相，中國反日偽史「田中奏摺」受害者）協助下，走私武器軍火給革命軍。更特別的是，當時位居北方的袁世凱，其實最怕由日本革命志士所組成的「袁世凱暗殺團」。

雖然辛亥革命是企圖以革命來取得天下，但是革命真正的成功與否，還是取決於列強的干涉。武昌起義後，德皇還是保持反對清國革命變天的態度，所以派了軍艦至武漢支援清軍。因此，當年在武昌的作戰，曾被國際視為「日德之戰」。日本的開國元勳山縣有朋等人，也擔心中國革命所帶來的混亂，會引起西方列強的強勢干預，甚至影響到和日本之間的關係。當時由重量級的民間「國士」頭山滿、犬養毅、宮崎滔天、菅野長知等人組織了「有鄰會」來支援中國革命，並由內田說服日本政界大老，阻止日本出兵干涉革命。當頭山滿、

犬養毅坐鎮上海表示支援革命的態度時，袁世凱即告知
清廷：「亞洲巨人頭山滿已經來了，大勢已去，無法派
兵鎮壓革命……」由此可知，當時日本民間力量對辛亥
革命的影響力有多大。

## 四、為支那革命犧牲的日本志士

毛澤東曾經說過，「革命不是請客吃飯」，革命當然要犧牲。日本最先為支那革命犧牲生命的，是山田良政（1868～1900）。

早期熱心清國改革或革命者，首推平山周、宮崎滔天和山田良政三人。戊戌政變時，救康有為、梁啟超、王照三人出逃中國的，就是這三人。

康有為在宮崎滔天的掩護下，成功脫身到天津，搭上英國汽船逃往香港，再由宮崎陪同逃往日本。而逃往日本駐北京公使館的梁啟超和王照，則由山田良政負責掩護帶往天津，搭上停泊在塘沽港的大島號軍艦，成功逃往日本。

另一方面，平山周是最先得知戊戌政變消息，並協助譚嗣同和王照企圖從宮廷中救出光緒帝的人，結果失敗，譚嗣同被捕殺，光緒帝則被軟禁。

山田良政後來參加了惠州起義而

犧牲，是第一位為了支那革命犧牲的日本人，孫文特地
為山田在他的故鄉青森弘前的菩提寺和日本台東區谷中
全西庵，樹立「彰顯碑」，山田之弟純三郎一直到孫文
病逝北京為止，都是他的貼身秘書，終生獻身支那革
命，奔走天下。

　　日本從明治維新以後，致力於「文明開化、殖產興
業」，已日漸進入產業社會。可是到了甲午戰爭、日俄
戰爭以至於明治末年的辛亥革命這十幾年間，武士道之
風依舊強勁。康有為逃往香港時，曾經和宮崎滔天談到
中國的改革維新。康認為中國改革首要之務是消滅西太
后，康深知「日本志士義氣昂揚，壯烈千古無比」，所
以希望日本志士能夠助其一臂之力，不料宮崎滔天指
出：「要除掉西太后一人，不必勞師動眾，我一人就
可以了。若要求日本志士出面，豈不是昭告世人，閣下
三千弟子竟無任何可成為荊軻的人物？」這一席話說得
康有為面紅耳赤。

　　中國的文人，自古都有「叫別人去死」的習慣，不
論是維新或革命，文人總是躲在幕後要別人先死。

　　日本黑龍會龍頭內田良平（1874～1937）是武道高
手，也是知名的「國士」，曾經往復西伯利亞數萬里路
途，也組織朝鮮改革的「天佑俠」團體，由宮崎滔天引
見，和孫文大談抵抗西洋侵略、日清一起為支那革命共

同奮鬥。當時內田良平認爲，支那革命最大的障礙是兩廣總督李鴻章聯合兩江總督劉坤一，所以計畫由山田良政暗殺劉坤一，內田良平暗殺李鴻章。當內田告知孫文這些計畫時，孫文大驚，極力反對，認爲這種行爲「太危險了，恐怕會連累我黨」。內田因此發現孫文這個人「口氣雖大，卻膽小如鼠」，只想藉由他人的力量革命，自己躲在後面，從此再也不理會孫文，連北一輝日後也看破孫文手腳，轉而和宋教仁成爲莫逆之交。

宮崎和平山爲了革命的長遠之計，希望康、孫兩派能夠合併，但是因爲維新與革命兩派思想和手段不同，人馬水火不容，合併團結並未成功。

在辛亥革命各地的攻防戰中，根據歷史書籍記載，日本志士於各戰場均勇猛參戰，「陸士」出身的軍官，當革命軍作戰顧問的人較多，但陣亡的日本志士名單，經過筆者歷年來的搜尋經歷，大多名不見經傳，應該多屬於年輕一代的熱血青年。中國進入民國時代，開始內戰，天下大亂，從一國兩府到一國多府，國勢每況愈下，日本人雖爲民國革命犧牲奮鬥，但是每下愈況的中國卻開始走向排日、仇日的政治槓桿，無法自拔，日本人在中國境內被虐殺的例子越來越多。通州事件就是血淋淋的例子。

## 五、參與中華民國建國的日本顧問

辛亥革命後，幾經波折，終於組成臨時政府。因爲一時找不到臨時演員，剛好孫文從美國繞道歐洲返國，等大勢已定之後坐享其成。當時論輩份，孫文算是革命界的老大，所以就順水推舟被拱爲臨時大總統，如此而粉墨登場。

可是擁有二千多年帝國歷史的中國，僅憑孫文一人的聲望，尚無法號召天下，又何況中華民國臨時政府的勢力僅侷限於南方，北方還有近三百年歷史的清朝天下。臨時政府初立，內部意見紛爭不斷，革命勢力的瓦解也在旦夕之間。

至於到底要如何建立民國？連臨時大總統也是外行人，所以不得不找支援革命的日本諸友人當顧問，以壯大自己的聲勢。當然，不一定所有支援支那革命的日本志士都願意當臨時政府的國策顧問，例如孫文欲聘請犬養毅擔任政治顧問，但犬養毅以「只有日本天皇才能任命我」爲理由，加

以婉拒。

臨時政府成立後，負責起草憲法的是宋教仁。宋雖然曾經在早稻田大學專攻法律，但是學習時間不長，只好聘請當時知名的東京帝大教授、國際法權威寺尾亨（1858～1925），和早稻田大學教授、憲法權威副島義一擔任法律顧問。

寺尾亨為了支那革命，散盡家產，成立專為清國軍事留學生開設的「東斌學堂」，對支那的復興寄予無限的熱情，所以慨然答應宋教仁，並強調：「支那的革命家都是我的同志，為了協助他們，我死而無憾。」

寺尾亨在副島義一的陪同下西渡中國，寺尾負責約法（臨時約法）的起草工作，他的想法和宋教仁相似，強化眾議院職權而限制大總統的權力，以防止野心家行使獨裁。臨時政府另外還聘請阪谷芳郎和原口要擔任財務顧問。孫文、黃興、宋教仁分別聘請池了吉、菅野長知、北一輝為核心幕僚，協助推展政務。

辛亥革命時代，革命家對革命路線，時有爭論，大鳴大放。但是這些志士多是綠林烏合之眾，也參雜了許多幫會份子，甚至還有多數的遊民浪人，一般民眾大多對其敬而遠之。事實上像魯迅所描寫的「阿Q」革命，是非常寫實的敘述。到頭來，成功引爆革命的，還是有組織紀律的新軍，這些革命家雖然精於用嘴巴喊打喊

殺，看到情勢不妙就落荒而逃了，三十六計走為上策，支那革命在沒有新軍參與之前，就是如此的狀態。

中華民國臨時政府成立後的1912年1月9日，孫文會見了日本參謀本部派來的谷川岩太郎中校和木庄繁少校，孫文向他們強調，若無日本大力協助，革命要這麼快成功恐怕有所困難，當下決定將中國的軍事教育，全部委由日本規劃，各地陸軍學校也大量僱用日本人當教官。這是可以想像的事情。

綜觀孫文的一生，雖有革命的組織，手頭上卻一直沒有一兵一卒，全靠一張嘴或以利誘訛詐，在全國各地大揩油，臨終前才終於下定決心建立黃埔軍校，但也因此將武力拱手讓給蔣介石。

對辛亥革命幕後工作貢獻最大的內田良平，臨時政府雖然聘他為外交顧問，可是臨時政府不到三個月就瓦解了，輕易地就被出賣給北京的袁世凱，成為一齣政治鬧劇。

六、支援革命資金的日本志士

「華僑是革命之母」，這句話到底是孫文親口說出來的，或是後人道聽塗說穿鑿附會的內容，我們不得而知。但即使這句話是孫文親口說的，恐怕他心裡也不是真的這麼想。

在台灣從小學開始，就會學到有關「國父孫中山」的各種黨化史觀教育，所謂「天下為公」，教育你不要凡事為私，要為公益著想，所謂「要做大事不要做大官」，要身體力行「禮義廉恥」等等的教訓。這些歷史教育素材，小孩子恐怕很難理解，難怪這些哲學觀念至今只停留在「口號階段」。例如「廉」這個教訓，主要是要人不要貪污，但是中國傳統事實上是「無官不貪」，不但二千多年的獨尊儒術的文化都無法遏止「貪瀆」，連清雍正時代雷厲風行的「養廉銀」，或是用「極刑」的肅貪政策，貪官依舊故我。

華僑大多白手起家，致富者算少數，錢財有限，所以要人相信有這麼

多的華僑「慷慨解囊」，實在難以置信，雖然也有像宋
嘉樹（查理宋，宋氏三姊妹之父、孫文岳父）、張靜江這種不
要命似的送錢行為，其實背後有許多是孫文「私自分封
官位」、「利誘」、「允諾特權」等等的詐術手段。革
命雖然成功了，但是孫文一直無法「取得天下」，所以
他在華僑間的「信用」越來越差，這跟他的「吹牛」習
慣有很大的關係。

　　事實上，海外的改革運動主流，還是以康、梁為首
的立憲維新派，孫文雖被稱為「孫大砲」，頗有「只出
一張嘴」的吸金才能，但多數時候還是扮演著落魄的革
命浪人、或革命流派的邊緣人物而已，他要募集能夠改
變天下的革命基金，恐怕比登天還難。

　　孫文一派的革命資金來源，與其說是他誇稱的廣東
同鄉華僑，不如說主要來自於那些醉心於支那革命的浪
漫的日本金主。孫文的革命資金，出自華僑的比例不
多，因為太多同鄉看清他詐騙、隨意封官的戲碼，頂多
出一、二次錢就再也不相信他。但是日本的金主不同，
不僅出錢大方，而且不計較「投資報酬率」，僅僅是為
了俠義之心或者正義感使然，就慷慨解囊，這是當時明
治時代日本人的氣質，他們擁有理想、也有夢想，期望
大亞細亞主義的實現，是他們幕末時代開始「攘夷」革
命後的延續，也僅是希望能夠保全東亞的安全，期待支

那革命能夠成功。

　　孫文身邊最大的金主，是長崎出身的貿易商梅屋庄吉，他小孫文二歲，可以說是同時代的人物。梅屋是日本「日活」電影公司的創辦人，從興中會時代就一直扮演支那革命的幕後最大金主，只有出錢而不求回報。若以現今的金額來計算，梅屋起碼貢獻給支那革命將近二兆日圓的金額，約美金二百多億，數目相當驚人。

　　梅屋所提供的革命資金，約從1900年惠州起義開始，用於幫助革命軍購買武器，以及買通清兵屯駐廣州的大隊長、以及革命同盟會的機關報《民報》成立等用途，又主動組織「支那共和國公認期成同盟」，鼓吹日本政府幫助支那革命，同時便於調動資金購買武器，組織醫療隊上戰場，甚至派遣攝影師到現場拍製革命戰爭紀錄片，可以說「一生」都在拚命為孫文的革命開銷，而想盡辦法「賺大錢」供其花用。

　　倒袁二次革命失敗之後，孫文逃亡日本，就藏匿在梅屋庄吉的宅邸，得以度過袁世凱派遣殺手刺殺的危機，而孫文和宋嘉樹二女兒宋慶齡的結婚（宋嘉樹至此與孫文翻臉），更是由梅屋庄吉牽線，當時所有中國革命團體都反對孫文「染指革命戰友女兒」的好色行為，所以只有日本友人參與他和宋慶齡的婚禮。而當時在日本滋賀縣近江八幡設立「中華革命黨飛行員學校」，募集

47名中國留學生，由坂本壽一教授飛行技術，準備三次革命，這些事情的幕後金主也是梅屋庄吉。所以，梅屋也夠資格被稱爲「中國空軍之父」！孫文病逝北京時，臨終曾向菅野長知關切三位日本恩人，除了頭山滿和犬養毅之外，第三個就是梅屋庄吉。

當然，提供孫文等革命份子的金主，除了梅屋庄吉，還有許多日本人，例如滿州鐵路的犬塚信太郎、筑豐炭礦的安川敬一郎，固定每月提供一萬日圓給孫文作生活費，那個時代的日本官員，月俸約十圓至二十圓左右，可見其數量之驚人。日本從辛亥革命後，一直是中國政治亡命者的避難天堂，莫怪孔祥熙曾指責連襟孫文在日本「過著帝王般的生活」。

## 七、亞洲巨人頭山滿支援臨時政府的份量

戰後，中國的言論界都將「玄洋社」創辦人頭山滿、「黑龍會」內田良平視爲「日本軍國主義」的右翼大老，甚至是「黑道龍頭」。當然，這種形象自是來自共產黨的人物史觀。頭山滿或內田良平，事實上是屬於民族主義者和國家主義者，是「國士」級的人物，絕不是什麼黑道老大。

日本開國維新之後，第一代的代表人物是西鄉隆盛，第二代則是頭山滿，第三代爲內田良平。雖然他們都經營民間團體，但是對政府的影響力相當大。雖說宮崎滔天、北一輝、山田良政、菅野長知、平山周、末永節等等，都是參加或支援支那革命的活躍人物，可是頭山滿和和內田良平，才是對辛亥革命的成功有決定性影響力的要角。

當然，戰後「玄洋社」和「黑龍會」被歷史解釋曲解爲「國家社會主義右翼黑道團體」。黑道和右翼在日本是截然不同的二個社群，日本的黑

道，應該是指從幕末的清水次郎長到山口組的整個發展
而論。

　　可是熱心支援支那革命的日本明治志士，大都被稱
爲「支那浪人」或「大陸浪人」，甚至是「日本軍國主
義的爪牙」。爲了美化辛亥革命，將明治志士的熱情與
犧牲一筆勾銷，甚至將僅僅出於俠義之心支援支那革命
的志士，說成是「國父孫中山先生最忠實的部下」（例
如宮崎滔天），甚至說這些日本志士「別有用心」，還更
有寡廉鮮恥的歷史家誇稱孫文「利用日本人來達成革
命」。這些中國學者，恐怕到死都不會理解日本人對於
理念、理想的執著以及對俠義、友情的堅持，遠遠超過
計較利害關係的漢人民族性。所以，中國人大多是疑心
病重的陰謀論者，對別人多以「居心不良」的先入爲主
觀念來推度。當然，這是中國人特有的「以小人之心度
君子之腹」的習性。

　　在那個革命時代，頭山滿、內田良平等人，他們所
支援的並不僅限於支那與朝鮮，亞洲各地的殖民地解放
或獨立運動，他們也多有參與，甚至遠至拉丁美洲的獨
立解放運動，都有他們參與的足跡。中國人欠缺的，就
是這種爲人類全體著想的性格。

　　頭山滿雖然只是一介平民，但是對日本政壇有舉足
輕重的影響力，連國家首相山縣有朋和伊藤博文都要尊

敬他三分。當時山縣懼怕支那革命會波及日本國體，頭山滿曾經不悅地指責他說：「擔心支那變成共和會影響我國國體，這是對我國國體最大的侮辱。」頭山滿深信日本人都衷心擁戴「萬世一系」的天皇制度。山縣曾經一度想派兵支援清軍抵抗革命軍，經過內田良平的奔走，說服政軍界，加上頭山滿等民間勢力的施壓，山縣有朋的派兵之議才不了了之。

　　辛亥革命後不久，漢陽就被清軍奪回，支那革命危在旦夕。這時菅野長知急電頭山滿和犬養毅出面，維持住局面。只靠黃興、黎元洪之流者是無法掌握整個局面的。所以頭山滿接獲電報後，馬上和犬養毅帶領一批志士西渡上海。袁世凱一聽到頭山滿已經來到上海，倍感壓力，乃在呈給清廷的奏摺中指陳「頭山帶著很多浪人來了，犬養也來了，恐怕討伐革命黨不再容易」。不但日本志士，連中國志士都將頭山滿視為有如神明一樣的地位，各派意見即使分歧，經過頭山滿協調整合後，立刻一拍即合。辛亥革命剛開始的危機，也因為頭山滿的出面坐鎮而成為逆轉勝的局面，這些在國、共二黨的歷史課本中，都是被刻意忽略的篇章。

## 八、支那革命原動力的新軍訓練

中國以前有「八旗滿萬、天下無敵」的傳說，最初「八旗軍」的主力是「滿蒙八旗」，後來又加上漢族八旗，觀照滿族八旗軍的征戰史，他們軍紀嚴厲，四處燒殺掠奪的多是蒙族八旗。但是替滿州人站在前鋒征服中國的，是漢族八旗，漢人善於大屠殺，所以所謂「揚州十日」的大屠殺，事實上的主力是漢族八旗。

清代最初的軍隊主力是八旗軍，以後就日漸被漢人為主的步兵、綠營和團練所取代，到了太平天國時代，團練的兵勇正式取代綠營成為清國的主要軍力。就當時的戰爭形態（第一波戰爭轉型至第二波戰爭）而言，決定成敗的關鍵，除了這支軍隊的組織和精神之外，速度和火力也非常重要。

歐洲自拿破崙時代以後，國民徵兵（第二波文明）取代了傳統的傭兵（第一波文明），砲兵則成為攻城戰役的主力。中國歷史上改朝換代的「易姓革命」，雖然教匪和農民的參與常

常發揮重要的關鍵作用，但是到了十九世紀後半期，以農民爲主的教匪或會匪戰力，已經無法幫統治者「馬背上取天下」了。孫文革命屢戰屢敗的原因，就是深信這種用教匪、會黨和農民爲主的作戰有效的結果，可見得孫文作戰思想的落伍。辛亥革命以後的作戰主力，已經成爲以砲兵爲主的作戰形態，砲兵最起碼的條件，就是需要大量的武備學堂或士官學校的畢業生，有基礎知識後經過嚴格訓練，最起碼也要能夠繪製作戰地圖，並不是空有革命精神或理論就能進行軍事革命。

清末民初的時代，「新軍」已經成爲支那軍隊的主力，自鴉片戰爭以後，雖然新興的團練，例如曾國藩的湘軍、李鴻章的淮軍等團練民兵打敗了太平軍，可是不但是西夷，連面對東夷，這支軍隊都每戰必敗，不堪一擊。所以必須重建軍隊，最先開始新軍建設的是張之洞的「自強軍」，和袁世凱的「新建陸軍」。因爲綠營和兵勇雖會聲嘶力竭地喊殺喊衝，卻大多不會使用洋槍洋砲，面對外軍，僅是一群烏合之衆，每戰必敗是理所當然。所以支那新軍學習日本，士兵入伍前必須得到村長推薦，以及醫師的體格檢查。湘軍和淮軍會日漸劣化，主要原因是軍隊裡面接收了太多的「有飯吃就好」的遊民流民。張之洞主導自強軍，採取嚴格的募兵制度。義和團之亂後，八國聯軍維和部隊一路作戰至佔領北京

以後，清廷受到了西方第二波文明軍事力量的震撼，所以才痛定思痛地開始採取富國強兵之策，開始徹底的軍事、兵制改革。

張之洞最初聘請的是德國軍事教官，並派軍事留學生赴日本留學。1897年冬，張之洞和日本參謀本部所派遣的宇都宮太郎少校詳談之後，才改變以往反日恨日的想法，後來又會見伊藤博文，決心改聘日本教官。到了1908年為止，日本陸軍士官學校已經收容了四百五十多名清國留學生。

張之洞身處偏遠之地，沒有中央的袁世凱所擁有的資源。所以同時練新兵的袁世凱，就成為中國「新兵之父」了。北洋新軍訓練由袁世凱一手主導，並擴展到各省，很快的各省成立練兵處直屬機關「督練公所」，連張之洞的二千多名自強軍也被編入體系內指揮。可是到了日俄戰爭後，袁世凱改向日本皇軍看齊，放棄傳統滿人軍服，改穿日式軍服，並且剪掉辮子，改戴軍帽，同時改聘日本軍官為教練，改成日本軍隊編制，當西太后和光緒帝參觀袁世凱新兵演習後，信心大增，下令全國仿效北洋新軍，全力訓練。而當時西洋各國外交官看了袁世凱這批「日式新軍」在北京的演習後，不禁大驚，感到「黃禍」不久將要來臨了。

## 九、辛亥革命與日本陸軍士官學校

二十世紀初期，那些到日本留學的清國學生，於詩詞中描述在日本街頭看到了迥異於中國街頭的一些現象，他們稱其爲日本人高揚的國家熱情。「支那第一女」秋瑾在〈警告我同胞〉（1904年）中寫到日本民眾熱烈爲出征的軍人壯行的場面，那些數以萬計的民眾，揮舞國旗，就連小孩也高聲叫喊萬歲的情景，讓秋瑾羨慕萬分，但同時也不由得感到羞愧、生氣起來，質問中國人爲何無法如此團結？中國軍隊爲何不受民眾愛戴？

當時連在東京就讀的曹汝霖也發現大批退役軍人被召集到東京時，首都民眾爭相提供免費便當，軍人也有如親人般地幫忙民眾做家事，看到日本人全國上下一心，而中國人一盤散沙，讓他感動到落淚。當梁啓超剛剛亡命日本時，就看到日本軍人入營與退伍之際，親族友人無不盛大迎送，場面之熱烈，堪與中國人中舉相比較。特別是歡送入營者，會場中豎立

著斗大標語：「祈戰死」，更令梁啓超驚愕而肅然起敬。

這些觀感，當然皆有所本。因為當時中國的民俗文化是「好鐵不打釘，好男不當兵」的社會，兵和匪的區別不清楚，頂多匪是暗地裡行動，兵則是光天化日公然行搶。國家沒有役男、沒有徵兵制度，兵都來自於「拉伕」。可是維新後的日本陸軍士官學校（日語的士官，等於漢語的軍官），能夠從那邊畢業，代表在社會上是精英中的精英，地位崇高，不少東京帝大或京都帝大的畢業生，都爭相考進陸軍士官學校就讀。

這麼精銳的學府，蔣介石自然考不進去，所以他捐款給日本陸士第六期校友會總負責人劉宗紀五萬現大洋，偽稱是陸士六期畢業，連1928年國民政府成立，蔣介石欽定的履歷上面的最高學歷都寫「日本士官學校」，還和真正的畢業生、蔣的親信張群（十期）和何應欽（十一期），由他們掩護蔣介石參加同學會。明眼人都知道，蔣介石履歷上的這所學校，正式名稱應該是「日本陸軍士官學校」。

孫文在革命同盟會時期，透過引見在日本認識的留學生之一陳天華，就對中國軍人一再感嘆：「軍人在日本被視為無上榮譽，在中國卻是最低賤的身份。我們的軍人即使戰死也沒有功勳或年金，負傷者國家更未提供

終身恩給。」當然這是「一戰成名萬骨枯」的中國重文輕武社會，和「武士社會」的日本是不同的文化。

日本開國維新後，陸士所培養的人才，不但在列強時代發揮實力，從甲午戰爭、日俄戰爭甚至是辛亥革命或以後的國家發展，都成為國家的棟樑。當然在中國也是近代史舞台的主角。「陸士」是創造出現代史的主流力量。

辛亥革命時期，日本陸士軍人處處幫助革命暫且不提，日本陸士的支那畢業生，日後也都成為國家的樑柱，不論袁世凱系、梁啓超系、革命同盟會系，陸士畢業生都成為軍政界的領導或高階將領。武昌起義時，槍聲一響，十八省中十五省紛紛宣告獨立，其中「陸士」出身就任都督（省長）者，有湖南焦達峰、陝西張鳳翔、山西閻錫山、雲南蔡鍔、江西馬毓寶與吳介璋、李烈鈞、安徽王天培、四川張培爵、尹昌衡等人。師團長級參與革命的，除了吳祿貞以外，還有張紹曾（後來陸軍總長）等人。而率領護國軍起義討袁的，除了蔡鍔之外，還有唐繼堯，以及湖南聯省自治的趙恆惕。支那革命的中堅力量，幾乎都是日本陸士培養出來的新軍優秀幹部。當然不僅是南方革命將領，北洋各系的將領也不少是陸士出身。

## 十、日本軍事顧問在中國

甲午戰爭是清國從師夷轉向師倭的契機，中國人所謂「不打不相識」也有點道理。中國人一向看不起的「小日本」、「東洋鬼」，不解日本為什麼可以越來越強大？當然不得不學習。雖然康有為吹噓西洋需要三百年功夫，日本三十年就學成，看來大清帝國地大物博，只要十年就可維新完成「霸業」，但是清朝師倭雖然未完成霸業，可也創出了「黃金的十年」。

清朝為了近代化，大量派遣留日學生，並且為了制度改革，還實地僱用日本顧問，數量約在千人左右，其中最突出的就是軍事顧問，而這些日本軍事顧問在支那境內分佈在各派各地之間，影響力非常大。推動辛亥革命的主力，是新軍的領導人，並不是手上沒有部隊的在野革命家，最理解這個概念的，就是喜歡馬背上取天下、提出「槍桿子出政權」的毛澤東。

　　可是辛亥革命時代的新軍有南北之分，基本上北派是袁世凱的子弟兵，南派多為梁啟超的子弟兵，和革命同盟會都一起支持革命，不少新軍也由清朝的「御林軍」轉向革命，因為北洋新軍的主要幹部，大多是日本「陸士」出身。

　　辛亥革命後最高實力者是袁世凱，他被清廷請出來收拾殘局，卻成為統一南北政府，逼清帝退位、建立民國的最大功臣。袁世凱的軍事顧問坂西利八郎，自1903年起在中國待了三十年，支持並主導中國的軍隊改革，訓練新軍，全力打造中國第一批「世界大戰參戰部隊級」的隊伍。一直到1926年坂西辭去軍事顧問為止，不但是軍隊訓練、臨戰、軍援、貸款、外交等等方面，從袁世凱一直到段祺瑞，經歷了歷代的北京政府，坂西不但可以說是中國新軍之父，也是北京政府的中樞，特別是軍事的計畫、獻策、執行的核心人物，對中日雙方的理解甚深。

　　張作霖最相信的、情同手足的軍事顧問則是町野武馬，當町野武馬被聘為張作霖的軍事顧問時，他已經是上校軍階，可是以後一直無法昇任將軍，因為町野不願離開張作霖身邊，從直奉戰爭到張作霖被炸死為止，町野是張作霖最仰仗、運籌帷幄的軍師，到了張學良時代，不管張學良如何慰留町野，他還是拒絕續任顧問而

返回日本。

　　爲袁世凱打造北洋新軍的，除了保定軍校的立花小一郎少校之外，寺西秀武是軍事教育、作戰的顧問，雖然六年之間全力協助創辦北洋軍官學校，但是武昌起義後，寺西支持革命軍，全力協助黎元洪指揮作戰。

　　當時日本的軍事顧問遍及各地各派軍事勢力，最主要是日本軍人忠心、又勇敢善戰，備受列強稱讚，又有防止俄國勢力南下的中日共同目標存在，不但北洋各地軍閥、連國民黨內的各派各系軍頭都爭相聘用日本軍事顧問，不管親日反日，都少不了日本顧問，連抗日名將宋哲元，也任用了數十名的日本軍事顧問。

第四章

革命浪人孫文神話

# 一、專事自我吹噓的國父革命

台灣婦女有句鄙視男人的話，說「男人死到只剩一支嘴」。當我還是學生的時代，讀到黨化教育歷史中描述孫文在廣東開醫院，其實就是「靠一張嘴鼓吹革命」，到底病人是被「鼓吹」到什麼程度而參加孫文的革命，我們不得而知，也無法考證。總之，「靠一張嘴鼓吹革命」，是黨化教育歷史中所描述的孫文特徵。

在興中會時代，孫文於廣東老鄉之間，語言溝通沒什麼問題，所以可以盡情「鼓吹」，但是到了革命同盟會時代，在語言上，孫文和黃興、章炳麟之間根本無法溝通，呈現雞同鴨講的情況。確實，當時孫文就像現今台灣社會所特產的所謂「名嘴」，在那個時代，傳播科技不發達，「名嘴」的影響力恐怕比不上「名筆」。宣揚革命，用筆寫文章宣傳，比用嘴巴講要來得影響力大。

孫文即使是「名嘴」，但在「政壇上」並不見得就備受愛戴。例如當

時與孫理念不同的梁啓超，就不齒孫文「吹狗螺」，專門躲在後面要別人為他「賣命送死」，連志同道合的廣東同鄉陳炯明也稱孫文是「孫大砲」。問題不在他能講，而是他講話的內容，到底是不是言之有物？毛澤東年輕時代曾經聽過孫文的演講，他當時並未「大受感動」，反而認為孫文的演說「水多油少」，沒內容。

　　孫文行走江湖的伎倆，就是靠他的一張嘴，專事自我宣傳、加油添醋、自捧吹噓。這種自賣自誇的技藝，孫文也不是創始者，中國自古以來就有很悠久的這種文化傳統。所謂「百家爭鳴、百花齊放」的戰國時代，專門靠「三寸不爛之舌」謀生的，不僅只蘇秦、張儀之輩，百家競相自我吹捧，自成一家之言，在尚未開發「科舉」用腦力（筆力）競爭的時代，要能夠鯉魚躍龍門、光宗耀祖的門路，只有「選賢與能」，至於要怎麼選？恐怕就是聽別人吹噓來評價個人，或者創造自我風評來「爭孝賢」（比誰最孝順、最賢能、比口碑）。新朝的王莽就是因此而名譟一時。

　　廣東人比不上北京人愛國，所以被譏為「廣東人賣國、香港人無國」。廣東人被譏為賣國，僅僅是自古就開港，成為南方的門戶。南京條約後的香港開市以前，廣州十三洋行是唯一開放的港市，所以買賣多，不但比之泉州、溫州、揚州，也比任何其他地方都較有國

際觀。孫文是廣東人，太平天國當時，英國人林利（A. F. Lindley）所寫的《太平天國革命親歷記》（*Ti-Ping Tien-Kwoh: The History of the Ti-Ping Revolution*）一書，將他所目睹關於洪秀全、李秀成等人的英雄事蹟寫成小說式歷史，大大宣傳了一番。

孫文有鑑於此，當然也想有樣學樣，希望外國人能夠替他做同樣的宣傳。「倫敦蒙難記」就是他食髓知味的起點，也是他在東京成立革命同盟會時，以革命老前輩的資格被選為總理的依據。事實上，「倫敦蒙難記」和史實差別太大，充滿自吹自擂和不實的內容。宮崎滔天的《三十年之夢》也是塑造孫文成為革命領導人的另一個樣本。池亨吉就是被影響的一位，他被孫文安排到潮州一帶活動，以及參加鎮南關起義，孫文希望他能將親身見聞，自始至終筆之於書，向世人宣傳他這位革命英雄，期望池亨吉能當「日本的林利」。果不其然，1908年5、6月間，大阪《朝日新聞》連載他親身的革命經歷，後來也匯集成《支那革命實見紀》，大力為孫文吹捧。孫文並親自為此書寫序，以向日本國民推銷。而一直是孫文金主的梅屋庄吉，在辛亥革命當時也特別拍下了大量紀錄影片，替孫文宣傳，最後孫文投共後向列寧學來那套「宣傳可以抵抗千軍萬馬」的共產國際宣傳術，因此而成為中國國民黨的「家寶」。

　　像這種本來一事無成的人，爲何能成爲中國國民革命的領袖呢？按毛澤東的分析，是因爲他寫了一部《三民主義》成爲指導革命理論，而其他的革命志士卻沒有。足智多謀的毛澤東因此也有樣學樣，效法孫文寫一部《毛語錄》來推銷革命，眞是長江後浪推前浪。

## 二、孫文插手必鬧內訌

如果大家能多讀一點孫文被神格為「國父」以前，同時代人對他的評傳，大都會發現像孫文這種喜愛自我膨脹，又對中國近代革命毫無建樹，甚至每每插手必內訌的「災星」型人物，充滿無限的好奇。

要解答這個問題並不難，因為孫文是中國人，生在那個充滿詐欺、騙術時代的中國社會，要搞政治就要有像他這樣的才能才行。

孫文和中國歷代易姓革命、馬背上取天下的英雄豪傑不同，也比不上劉邦或者劉備的那種「厚黑」，一介革命浪人孫文，不但「致力國民革命凡四十年」，且「革命尚未成功」，這四十年簡直就是天下大亂、逢孫文必成災的局面。東京革命同盟會同志陳天華介紹孫文這個人時，就稱他為「失敗的英雄」。

到底這麼熱心於革命的浪人，是什麼樣的人物？不要說孫文當時代的人，就連現代人，有人喜歡聽真相，

卻也有人偏偏喜歡相信塑造出來的「神話」。但無論如何，歷史是客觀的評述，我們僅就孫文到底成就了哪些事情，來評價他的一生。

有關「國父孫中山」的傳記書籍一大堆，用漢文寫的，實在讓我讀不下去，但為了了解虛構神話的特性，不得不加以研讀。特別是在台灣，從小就接受「沒有國父孫中山，就沒有中華民國的誕生」這種神話，讀來真讓人覺得「真的有這麼神嗎」？孫文的存在和中華民國有什麼關係？

革命浪人孫文的生平，當然不是一生都在革命。若從他本人的自述「致力於革命凡四十年」生涯來看，恐怕「四十年」也是種中國特有的誇大之詞。孫文自從1894年上書李鴻章，吃了閉門羹之後，就決心採取暴力革命。同年1月在夏威夷「創立興中會」，也不是史實，因為反清復明的幫會組織老早就有，白蓮教亂之後一百多年來，教匪、會匪之亂連綿不絕，廣東老鄉早就有興中會這種組織了，孫文只是「參加」興中會而非「創立」，這才是真相。

所謂「上書李鴻章提出救國方略」，在那個時代，這種人多如牛毛，他所寫的內容，所謂「人盡其才、地盡其利、物盡其用、貨暢其流」這種陳腔濫調，就如同「1+1＝2」的恆真式一樣，寫來工整漂亮，事實上是

廢話一篇，是種玩弄文字的遊戲之作，李鴻章這種實力派官僚大場面見多了，怎會理會這種文章？事實上，「上書」在那個紊亂的時代，是一種文人「獵官」的手段，碰碰運氣、賭一把求官之術。簡單的說，孫文是因為「求官不成，惱羞成怒才搞暴力革命」，如此而已。

　　孫文搞革命「凡四十年」，十次起義十次失敗，最後成功的一次他沒參加、更不知悉。三次革命三次失敗，偏偏人家從雲南倒袁沒有他的份，卻馬到成功。四組政府（臨時政府和廣東軍政府），更是每組必吵、每吵必戰，內訌不斷，勞民傷財，這種因果除了他固執己見、剛愎自用的個性要負責之外，那種「捨我其誰、唯我獨尊」的德性，也是他成為革命「災星」的原因。此外，他好色貪財，金錢醜聞繁多，往往成為他和革命同志反目成仇的關鍵，不但清廷不把他當一回事，也沒有國際列強看重他的份量，革命浪人孫文，邊緣人物的革命「凡四十年」，真可稱為「孫文之亂」。

## 三、革命無份的「國父孫中山先生」

清朝從十八世紀末以來，乾隆帝讓位給嘉慶帝，成為「十全老人」的太上皇，那一年剛好發生白蓮教之亂，從此之後一百多年連年發生內亂，連太平天國之亂也奪取半壁江山，幾乎成功。可看出那個時代的教匪、會匪之亂頻繁多樣，到了二十世紀，這種亂歸亂，但已經習以為常，不可能成為「易姓革命」成功的關鍵。孫文搞不清楚這種時代潮流，還想學習太平天國搞會匪之亂（恐怖活動），如果從歷史大潮流來看，是種偷雞摸狗的旁門左道，是歷史主流的邊緣，這種錯誤認知，也逼得他搞革命失敗連連，最後只好向列寧學習。

為什麼十次起義、十次失敗？我們也可以很輕易地看出，大時代潮流已經轉向，難怪孫文的革命是「失敗為成功之母」，一再失敗還沾沾自喜，沒有得到絲毫教訓。

孫文開始有革命思想，按筆者推估，可能是在甲午戰爭前後。按照孫

文自己的說法，甲午戰爭從開始到結束，中國人如同
「睡獅」一樣一無所知，和日本人全國上下一心，想打
贏這個開國維新以來的第一場「國民戰爭」的熱烈氣氛
不同。那時的孫文，雖然已經參加興中會，跟人一起喊
著「驅逐韃虜」的口號，未必一定是要搞暴力革命的。
他1894年在夏威夷結交了最初的日本革命志士菅原博
（1863～1937），後來透過他才認識了宮崎滔天，而後再
接著認識犬養毅、頭山滿等熱心支援支那革命的日本在
野「國士」。深受這些日本維新志士的革命思想啓發，
可是在同年，孫文卻還上書李鴻章，想要「獵官」，可
見得他在當時根本還沒有暴力革命的打算，只想「當
官」。

　　戊戌政變後，清國的情勢越來越不安定，1900年又
有北方的義和團之亂，在內外交相煎熬的局勢下，1899
年兩廣總督李鴻章、廣東富豪劉學洵、香港總督卜力
（Sir Henry Arthur BLAKE）、香港諮議局議員何啓等地方人
士，暗地策劃廣東脫離清廷獨立。孫文得知這一訊息，
也想從中獲取利益，試試手氣。

　　後來孫文和日本黑龍會龍頭內田良平意見相左，惠
州起義又失敗，潛赴橫濱，暗中活躍於華僑和會黨之
間，也和廣東獨立協會的華僑留學生有所接觸，孫文本
屬幫會型人物，一直靠會黨力量，妄想用會黨之亂的武

裝暴力革命來奪天下。

　　孫文從這時開始瞭解，光靠黑幫會黨搞恐怖活動是沒有用的，沒有革命軍恐怕不能成事。1905年春，他前往比利時鼓吹革命，和在地的留學生爭論了三天，到東京後和以留日學生為骨幹的華興會和光復會成立了革命同盟會後，才日漸理解到知識份子和新軍在革命運動中的重要角色。

　　革命同盟會可以說是革命派首度的大團結（黑幫與知識份子），可是不久之後就大分裂，從此以後孫文的「國民革命」，凡是有他插手就必定分裂，有如瘟神一般，到處被排擠而成為邊緣人，不但成功的革命沒有他的份，革命成功後改組政府，他也被當傀儡。不論是中華民國臨時政府，還是他三度組織廣東軍政府，都是內訌不斷，到處砍殺，到最後鬧到四分五裂而不了了之。

　　當孫文最後想再來一次南北會談時，船隻經過神戶，還在神戶演講教訓日本，到底「要為西洋霸道的鷹犬，還是東洋的王道」？發洩完後，他私底下和頭山滿長談，兩個人到底談了什麼？至今無人可知。根據筆者的研究，從當時的電報內容分析，孫文可能因為投共，被頭山滿指責為無信無義。經頭山滿後人的相關引證，認為筆者的推測分析可能接近真實，並且有理。當孫文行經神戶往北京前，曾在天津和日本領事吉田茂、張作

霖、和他的軍事顧問町野武馬上校一起見面，據說孫文當場被張作霖破口大罵了一頓，孫文當時唯唯諾諾，無言以對，已經沒有了以往那種能言善道的「孫大砲」風範。到了北京以後不久，就因為肝疾死亡，留下了「革命尚未成功，同志仍需努力」的遺言。到底「革命尚未成功」要如何來解讀？也真是耐人尋味。

四、孫大元帥另立廣東軍政府始末

民國以前有義和團之亂、回亂、太平天國之亂、捻匪之亂、白蓮教等等教匪、會匪之亂，爲什麼民國以後歷史上沒有記載「孫文之亂」？觀諸孫文的「革命凡四十年」，實際上的大亂不遜於上述這些亂象。

辛亥革命是反清，二次革命、三次革命是反袁，所以稱之爲革命。那麼孫文私自帶了十分之一人數的國會議員到廣州自立門戶，另組政府自稱中央，到底是「革命」還是「叛亂」？中華民國到了袁世凱政府以後，北京政府在國際法上是被各國承認的「代表中國之唯一合法政府」，孫文憑什麼帶著徒眾跑到南方邊緣地帶去「自命爲中央政府」，還自稱「大元帥」？這不是叛亂？難道是毛澤東所說的「革命無罪，造反有理」嗎？

民初時代，中國還是人多嘴雜的社會，議會也鬧哄哄，袁大總統清官當久了，改做大總統可不是那麼容易

的事情。所以一時以爲中國還是恢復帝制爲佳，這種意見也多了起來，袁大總統當然也心動，可是洪憲帝制不成，張勳復辟也失敗，北京政府各派勢力誰也不讓誰，頭頭如走馬燈般換來換去，政局不安定，國家也動盪。

孫文不但在革命同盟會時代興風作浪，二次革命失敗之後，逃亡東京自組如恐怖組織般的中華革命黨後，成爲唯我獨尊的黑幫頭頭，那種自信「中國非我不可」的性格，歷經了帝制、復辟之後，更加堅信中國的前途已經非他不可，因爲只有他一個人才是「先知先覺」，其他的都是「後知後覺」，不然就是「不知不覺」，而且總統制也無法立即實現，所以，必須按照他的「軍政」、「訓政」、「憲政」步伐走才行。

在孫文心目中，除了他自己以外，任何人組織政府，都是「叛變」，絕對不會承認，當時的天下會有「孫文之亂」，就是因爲他想爭著當頭，一直當不成，所以就搞亂，一亂就勞民傷財、戰禍連綿。

1917年7月6日，孫文以張勳復辟爲藉口，從上海到廣州，招來部分國會議員，糾合了反對北京政府的異議份子，包括海軍總長程璧光，又結合了西南軍頭唐繼堯、陸榮廷等人，於8月25日在廣州召開「國是非常會議」，推行護法運動。9月1日，眾人推舉孫文爲大元帥，唐繼堯、陸榮廷爲元帥。

　　事實上，張勳復辟沒幾天就被馮玉祥的西北軍趕出北京，老早就恢復民國了，因此孫文的這些行動，已經失去所謂「革命大義」的名份，變成了叛國叛亂的「孫文之亂」，既然如此，乾脆一不做二不休，「民國就是我，我就是民國」，孫文組織廣東軍政府，正式掛牌開店上市。中國從此以後再度出現「一國兩府」的亂局，當時廣東軍政府，名義上統轄了廣東、廣西、雲南和貴州等邊陲四省。

　　孫文自立門戶後，為了宣傳他的政府才是代表全中國的「唯一合法政府」，派出張繼、戴季陶、李烈鈞、王正廷、程璧光等人到日本，向寺內正義首相、本野一郎外相，以及犬養毅、頭山滿等人遊說，力陳革命黨人二十年來為中國的進步和和平所做的努力，希望日本朝野上下發揮道德勇氣，援助南方政府。孫文除了揭露北京段祺瑞政府的罪行之外，也揭發段政權準備以參加歐戰名義，來騙取日本政府鉅額軍費的內幕。

　　即使孫文政府自己創造「一國兩府」，說盡了北京政府的壞話，日本政府當然也無法認同「廣東軍政府為代表中國之唯一合法政府」。另一方面，歐美列強也都認為中國的亂源是孫文一黨徒眾，視廣州軍政府為叛亂團體，不予支援。

　　孫文自認以博愛和平為理想，信誓旦旦「今日就大

元帥位號令天下，不外是爲了早日在國內實行眞正的和平精神」云云，並誇口將在三個月至半年內實現全國統一，並宣佈北方政府爲非法政府。事實上，孫文不久就被趕出廣州了。廣州政府再度內訌，被陳炯明平定，孫文被陳接回廣州政府，結果卻反過來想奪陳炯明的權，不成又被陳炯明趕出廣州，逃命要緊。

五、孫文治粵慘狀

　　台灣在兩蔣時代施行的黨化教育，常常在軍訓課或者三民主義課程中，由教師講述「蘇俄侵華史」，成績好的學生可能從頭到尾都對這些內容倒背如流。就如越南也有一部「中華侵越史」史觀，江南本來是百越之地，越南人的祖先一直從百越之地，被漢人趕到今天的中南半島。

　　若從歷史來看，現在的廣州是漢代「大越國」的首都，中原華夏民族主要是活躍在黃河流域的古文明。不管四川的三星堆遺跡，或長江古代文明的專家，要如何來研究中國的古代文明，長江上游的巴、蜀，中游的楚，下游的吳越都有他們各自的古代文化，這就是歷史的變遷。

　　當然，本來百越就是南中國地區的原住民，當他們從歷史的舞台消失後，有他們被漢人欺壓的血淚史。而二千多年前的吳越之爭，現在還延長到上海與廣州之爭，歷史的潮流痕跡經常也影響了現代文化的摩擦。這是

歷史的遺產，吳越同舟也並不是永久的事情。

廣州遠處中國邊境，歷史的悲劇比中原要少，但有時也難逃遭殃。例如黃巢之亂在廣州大屠殺，雖然被殺者多數是伊斯蘭教徒，廣州城民也難倖免於難。可是廣州的悲劇，最頻繁的時代是發生在鴉片戰爭之後，並不是西方列強的掠奪，而是從湖南來的鄉勇作亂。太平天國之亂，常被稱為粵匪之亂，繼之而起的天理教徒之亂，廣州就被圍攻屠城，內外就被屠殺了百萬人之多。

孫文治粵是廣東人不可磨滅的悲哀記憶，我經常聯想到的是，為什麼楚霸王敗走到烏江，因為無顏見江東父老而自盡。孫文卻以「革命大義」為名，寡廉鮮恥地不認輸又不斷擾民，帶來災禍，而他降臨廣州，也讓廣州粵民陷入空前的浩劫。

孫文三次組織廣州政府，二度被趕出廣東，理由都在於爭奪軍權。因為孫文手下無軍隊，「為了革命」不得不展開奪權鬥爭，當然這是中國的歷史法則，因此孫文一到廣東，就企圖「乞丐趕廟公」，所以三組政府，結果每次都招致廣東戰禍連連，百姓受到姦淫擄掠燒殺搜刮。孫文治粵，讓廣東週邊之地成為戰禍連綿的人間煉獄。

孫文為了奪權、打倒陳炯明，以招募「客軍」的手段，從外地召來各省的軍閥土匪統治廣東。他除了以

十八萬元收買雲南軍、三萬元收買廣西軍以外，也召來綠林兄弟樊鐘秀將軍。滇桂粵各地的小軍閥及土匪幫派，聽聞樊鐘秀入粵，都急忙地過來壯大聲勢，一起管理鞏固廣州政府。

這些土匪軍隊為了確保自己的糧餉，一入廣州就爭相搶入各個稅捐機構，和鐵道、工廠、賭場和鴉片煙窟，並且各自擴大勢力，弱肉強食，先下手為強。

如桂系的沈鴻英佔領鹽署和造幣局，並支配賭場；滇系的楊希閔佔領飛來廟，管理彈藥廠，並且控制賭博街，發行白鴿票，做為擴大軍力的餉源；滇系的范石生兼任籌餉局督辦和禁菸局會辦，掌握販賣鴉片的收入；滇系第三軍長蔣光亮控制廣州、佛山、三水鐵路收入及勢力範圍下的各市鎮稅收。

晚到的沒戲唱，只好自謀生路，例如遲來一步的譚延闓自湖南帶來了三萬子弟兵，眼見廣東大部分都被滇軍所占，為了自求生存，不得不攻擊滇軍爭奪餉源，強迫滇軍分一杯羹。當然，廣東的農工商團體和各村落，為了防止兵匪搶掠，幾乎都組織了武裝自衛隊，如工團軍、警衛軍、武裝警察、農民自衛軍、甲車隊等，在孫文政府和商團軍的武力衝突下，孫政府對廣州西關商業區展開大屠殺，掠奪財產、強姦婦女，死傷達二千多人，燒毀商店住宅三千餘棟。

　　當客軍佔領廣東各地燒殺擄掠之際，葉挺等共產黨軍及廣州勞工赤衛隊，乘機蜂起成立廣州蘇維埃政府，後來被國民黨軍趕出廣州，共軍死亡四千人而敗走。孫政府治粵是史上未曾有的悲劇，市民辛苦攢存的儲金被政府三、四度剝削殆盡，慘絕人寰。

# 六、統計國父的賣國清單

所謂「革命不是請客吃飯」，像孫文這種只有綠林幫會群眾的革命雜牌軍，最起碼也是得「吃飯」的，沒錢的話，什麼都不行。

孫文革命初期，有時候是以「革命大義」為藉口向列強要求資助，可是這沒那麼簡單，列強各國也會看你的政治實力到底如何。沒有實力，起碼你也要表現出有未來的發展性。這就跟投資炒股一樣，買空賣空的行為，頂多只能讓你行騙一次、二次，如果沒有真的實力，只靠一張嘴巴講空話，到頭來只會落到「誰理你」的處境。

在西洋列強各國的眼中，孫文的「債信」早就「破產」，所以幾乎都只有賴於「同文同種同俗同州」的日本志士來投資。例如孫文最初計畫在廣州起義時，希望福本日南等日本志士能夠籌獲資金、並且帶著三百人的義勇軍趕赴廣州支援。又透過金主平岡浩太郎向第四任台灣總督兒玉源太

郎要求二個師團的軍火贊助。兒玉原本已經答應，可是後來伊藤博文內閣上台，取代山縣有朋內閣，伊藤是留英高材生，較具有國際觀，馬關條約簽訂時，只有伊藤博文不用透過翻譯，能以英語交談而定下各種國際條約。伊藤組閣後，為了避免引起列強誤會日本干涉清國內政，導致國際紛爭，所以不許兒玉總督輕舉妄動，並嚴禁日本人參與孫文革命活動，孫文急忙函告犬養毅，希望日本起碼提供一萬支槍和十門野砲，可是伊藤博文依然顧忌日本的國際形象，始終沒有首肯。所以孫文僅靠新安綠林和嘉應州三合會眾在惠州武力起事，結果日本志士山田良政在此役犧牲。

孫文出賣滿州的交涉，最早是向黑龍會龍頭內田良平推銷的，當時約定在革命成功之後「成交」，可是孫文直到臨終還「革命尚未成功」，所以出賣滿州僅止於買空賣空。1900年以後，帝俄乘義和團之亂時佔領全滿州，日俄戰爭以後，俄國戰敗，才將滿州讓給日本，實質上日俄是將滿州「南北分治」，後來日俄勢力發展到滿蒙，才「東西分治」。

其實，義和團之亂後，滿州已經脫離清國掌控，即使是辛亥革命以後，也從來不在民國政府控制之內，可是孫文還是想買空賣空，向日本推售無本生意，一而再再而三的以抵押或銷售滿州的各種權利，來向日本借

款，有關孫文拍賣滿州的內容，一直到1991年4月24日辛亥革命八十週年，經由NHK節目《現代史專訪──孫文亡命九百三十三日的紀錄－新發現的日中盟約》披露，才廣為人知。當孫文和陳其美、王統一（革命黨海軍司令）讓渡滿州的交涉，日方將協議書交給最高權力者山縣有朋時，遭到他的拒絕，山縣不屑地說：「滿州早在我們手上，何必向孫文要？」

拍賣滿州已成為眾所周知的歷史秘辛，而孫文的中國資產大拍賣，在民初臨時政府時，就已經向日本抵押漢冶萍公司、滬杭鐵路和招商局三項「物件」，這些賣國罪狀被他的政敵章炳麟在臨時議會中踢爆，所以才讓孫文不得不下台一鞠躬，辭去臨時大總統一職，將南京政府拍賣給袁世凱。

一介革命浪人，手頭上空無一物，竟然就想要革命，藉著買空賣空，幾乎凡是中國能賣的都被他賣光光，為了革命不擇手段，當然是他所謂的「大義」。有關孫文如何拍賣民國的詳細資料，請參閱拙著《國父與阿Ｑ》中的第三章「賣國盜國」。

## 七、走投無路的孫文終於投共

「革命浪人」孫文，不但十次起義十次失敗，三次革命三次破功，張勳復辟時又錯看時勢跑回故鄉廣東另立政府叛亂，結果三立政府也三次內訌，搞得天下大亂，讓人民叫苦連天。

歐美各國比較現實，沒有實力就一切免談，所以根本對孫文不屑一顧，一直只承認北京政府代表中國，日本雖然有在野政治家和民間「國士」同情孫文，期望「支那覺醒」，實現「大亞細亞主義」而對孫文有點寄望，結果還是落空。孫文專靠他人出力，自己躲在背後專做無本生意，即使日本民間志士再有耐心和他周旋，總有一天也會看破他的手腳，到頭來也都紛紛轉而支持北京政府。

因為孫文本身並無軍隊，從頭到尾皆用中國傳統的合縱連橫、以夷制夷的方式拉一派打一派，從中牟利，藉此來實現他自己的革命，因此所到之處當然是雞飛狗跳，各方勢力大混

戰、爭吵不休，這是他和北方實力者段祺瑞、張作霖不同的地方。

最後孫文還是三度東山再起，再組廣東軍政府，自稱大元帥，結合和他不相往來的死敵段、張二派，成為段、張、孫的三角同盟，並拉攏浙江軍閥盧永祥，加入他們的鐵三角，從地方包圍中央，以此實現統一來顛覆北京政府。

對於列強諸國，孫文最痛恨英、美、法一直不支持他的武力統一，所以不得不以東夷制西夷，煽動美國反日，並警告美國「如不協助中國對抗日本，美國將來勢必對日本開戰」，並預言日本在1925年將佔領滿州。美國深知中國情勢，並不願意支援南方政府而失去北京政府。

孫文的親日反日、親美反美，全都視乎該國是否援助自己而定，因此立場飄忽不定，反反覆覆，沒有一貫性的自我中心，列強諸國反而對他有所防範，不僅不為所動，更加認識這位革命浪人的真面目。

孫文在列強之間招搖撞騙，當然又是一事無成，被看破手腳之後，就在走投無路之際，竟然柳暗花明又一村，遇到了最新的救兵，那就是俄羅斯十月革命之後，共產第三國際的馬林。

孫文和馬林談了三次，認為三民主義已經不符合時

代需求，舊思潮的革命方略無法救中國。所以他在桂林
的一次演講中提出：「法、美共和國是舊式，唯俄國是
新式的，吾人今日當造成一最新式的共和國。」孫認爲
美日都不可靠，就只有期待蘇聯援助中國革命黨人。
孫文投共後，在1923年2月21日第三次廣東軍政府成立
後，修改過去的「三民主義」，稱「新三民主義」，並
著手改組國民黨，進行國共合作，展開了「反帝」、
「反軍閥」的鬥爭。

八、變調後的大中華民族主義

「民族」或「國民」是自西歐工業革命和國民革命以後才產生的「新名詞」，以前不但西歐沒有，當然中國也沒有。民國成立以前，不只孫文參與的革命派都是「排滿興漢」的大漢民族主義者，當然對革命派來說，民族主義的思想大都是來自近代國民主義、民族主義的思想。當然也有來自明末清初、反清復明的種族主義思想。年紀較大的考證學大師章炳麟，或是未滿二十歲的革命青年鄒容也不例外。

二十世紀初期革命派和維新派所爭論的民族革命主題之一，是擁滿或排滿的現實問題，所以康梁的大中華民族主義，和革命派的大漢民族主義當時是絕對無法迴避的主題之一。

孫文在參加興中會以後，「驅逐韃虜、恢復中華」是革命的大目標，1905年成立的同盟會仍然以「驅逐韃虜、恢復中華」為政治綱領。

從思想方面來看，當時的維新或

革命志士，並沒有強烈的國體主張，例如梁啓超、孫文二人都深受日本大亞細亞主義的影響，連梁啓超都贊同未來要「華日合邦」。後來聯省自治運動到了高潮時期，不但梁啓超改支持聯邦制度，並參與起草憲法，章炳麟也支持聯邦制度。

本來革命志士大都是個性剛強、意識形態對立屬於「你死我活」的層次。舉兩個最明顯的例子，台灣在兩蔣時代是反共的，親共的異議份子不知道被槍斃了多少人。可是現在，國民黨反而親共親到不可思議的地步。中國共產黨革命成功後，三反五反、反右派、文化大革命，犧牲的反革命份子當然是以千萬爲計算單位，可是現在則變成不折不扣的資本主義起飛時代。所謂此一時也彼一時也，現在中國最吃香的顯學是賺錢術，其他的都是歷史灰燼。

在孫文的眼中，滿州是統治中國的少數民族，是國民革命要驅逐的對象。因此在1906年12月的《民報》創刊週年紀念大會的演講中，仍然主張排除少數異族統治，由漢族來奪取政權，樹立漢族國家。

孫文在他「三民主義」的「民族主義」第三講中回顧革命以前，主張反革命的言論都是反民族主義的。數百年來，中國的民族思想可說是完全不存在，在中國的書籍中，幾乎看不到民族主義一詞，有的僅是對滿人的

歌功頌德。而提出保皇主張的派系中，沒有一個是滿人，全部都是漢人，主持保皇黨的大多是海外華僑，直到革命之風盛行以後，華僑才改變初衷，贊成革命。然而辛亥革命以後，革命派實際上並未取得革命的主導權，四周以立憲派人馬居多，當孫文回到中國時，國號早已經被定為「中華民國」，所謂「五族共和」也已經議定。孫文既被選為臨時大總統，不得不放棄他的種族革命論調，改尊康、梁的大中華民族主義。

孫文口號上雖然贊成中華民族主義，但是口是心非，他在「軍人之精神教育」（1922年1月）演講中，曾經提到所謂五族共和，其實是欺人之辭，滿蒙回藏等族皆無能力和漢族衝突，漢族應該發揚民族主義，將藏、蒙、回、滿予以同化，方能建設中國為最大的民族國家。如果今日不發憤圖強，日後將成為奴隸，孫的大中華民族主義，實際上是併吞和同化少數民族的暴力漢族沙文主義，如今正被中國共產黨運用於壓制少數民族。

# 九、空思夢想的國父思想

在台灣或海外的華人圈中，大多認爲辛亥革命是在「國父孫中山」的「三民主義」指導下完成的，日本的文化界也有不少人這樣認爲，這些人大部分都沒有仔細研究近、現代史，所以連最基本的歷史知識都欠缺，大多是由道聽塗說、或黨化教育史觀的囫圇吞棗而來的知識。

孫文的「三民主義」理論，初期聽他講話的對象大多是綠林幫會兄弟們，他們對理論並不感興趣，孫文可能在這種雞同鴨講的環境中，產生了他那種莫名自認「先知先覺」的自傲，而將人的能力分爲「先知先覺」、「後知後覺」和「不知不覺」三等人。聽得懂「三民主義」的同志就成了「後知後覺」的孫文信徒。

若按照孫文的自述，他的「三民主義」民主主義革命理論，和建國方略等等，有一部分是固有的傳統思想，一部分來自歐美的學說，其他的則是他自己獨創。到底他思想由來的

結構如何？明眼人都知道，這些「孫文學說」，事實上都是他在辛亥革命後，搞到天下大亂的期間，東拼西湊而來的胡言亂語。

　　孫文的革命理論，後來向當年清國留學歐美日本的留學生遊說，有時談了幾天幾夜都無法說服有真才實學的知識份子，革命同盟會時代，孫文雖然也在《民報》推銷他的革命理論，可是編輯主幹的章炳麟並不欣賞，對於張繼、劉師培這些社會主義或者無政府主義的新潮知識份子來說，孫文的胡謅更是一點都沒有吸引力。

　　除了台灣人之外，所謂「三民主義」或「建國方略」、「建國大綱」，對近代中國史幾乎一點影響力都沒有，至少自廣東政府時代孫文投共以後，他自己已經承認「三民主義已經舊了」，轉而追求「新三民主義」。孫文留下的「孫文學說」，一大堆的論述，什麼方略、綱領、理想、主張，還有些徒子徒孫把這些如同「雜菜麵」的胡謅，系統化為《國父思想》、《孫中山哲學》，事實上從嚴格的學術檢視來看，這些理論既沒有邏輯化的哲學思考，也沒有任何社會經濟學的理論基礎，連整體國家構想和國家觀念都不清楚，他到底要建立一個什麼樣的國家？真讓人摸不清腦袋。

　　孫文的學說理論和所謂哲學思想，只要稍微有邏輯思考的人讀起來，就會覺得裡面自相矛盾的地方一大

堆，所以他的學說不只在中國乏人問津，甚至被新中國
批判得體無完膚，瞿秋白就曾指出：「若要自由，就必
須鬥爭敵人孫中山！」「自由與三民主義不共戴天！」
李立三也批判「孫文主義是托洛斯基主義」；而潘漢
年則指三民主義與國民政府「等於殺人不見血的切頭
刀」。

　　而1930年代，中國共產黨紅軍創造了民謠，唱道：
「三民主義 胡說狗屁；民族主義 勾結英美；民權主義
禁止集會；民生主義 加捐加稅；整理財政 濫用紙幣；
五權憲法 拉七拉八；建國方略 七零八落；建國大綱 官
樣文字；軍政時期 軍閥得意；訓政時期 官僚運氣；憲
政時期 遙遙無期。」由此可知「孫文學說」眞的是民
國內鬥天下大亂的罪魁禍首。

十、翻來覆去而天翻地覆的革命瘟神

孫文有如革命瘟神，十次起義十次失敗，三次革命三次亡命，三組政府三鬧內訌，搞到天下大亂人心惶惶，爲何「余致力於國民革命凡四十年」，最後「革命尚未成功、同志仍需努力」的「革命先知先覺者」孫文，會變成革命瘟神？

如果大家能夠冷靜客觀來探討中國近代革命史，就可以理解孫文成爲革命瘟神的原因何在。從大歷史觀點看，這是反應中國改革、維新或革命環境的苛刻。當然，革命家固執己見的個性，也是影響革命組織常常內訌的結果，特別孫文自視甚高、認爲自己是「先知」，瞧不起別人，凡是「非我不可」的個性，也是造成中國近代革命史天下大亂的結果之一。

最初革命同盟會鬧翻，理由很複雜。孫文不但和宋教仁思想相左，多數革命同志也看衰「孫大砲」的空想和不安定性格，所以孫文無法安內，毫無領導能力，無法說服、影響多數

同志，最先出走的，就是看破孫文手腳，後來直接嚮往社會主義的張繼和他的同志。

又如，孫文在辛亥革命以前，強烈主張美國的聯邦制度，北一輝曾經批判「各省分割聯邦制度的革命是超級的世界主義」；而宋教仁以法國型態的中央集權統一制度爲理想，也批評孫的各省聯邦運動是以建立革命根據地爲目標，短視近利，有百害而無一利。孫的聯邦論，最大的爭議點，就是會造成當時中國的分裂。

辛亥革命後，孫文和宋教仁的思想對立越來越激烈，幾乎水火不容。所以北一輝的《支那革命外史》說宋教仁被暗殺，幕後主導者是孫文，因爲宋教仁強烈反對孫文的「以軍治國」「以黨治國」。

孫文雖然曾經是一位聯邦論擁護者，但是到了民國時代又搖身一變，成爲積極打倒聯省自治的「激進統派」。所謂「君子豹變」，孫文和陳炯明鬧翻，擺明的就是「統獨之爭」，陳炯明希望粵人治粵、廣東獨立，孫文反對而激烈鬥爭他，兩派打得你死我活，孫文被趕出廣東二次，因爲粵人想要「獨立建國，驅逐外來政權」。

孫文的民權主義，雖然主張「創建民國」，但是只有主張而沒有內容。後來發表「革命方略」，才具體指出由平民革命來建立國民政府，並制定憲法。然而大總

統與議會的關係，行政院與立法院的關係，議會與政黨的關係卻完全不清不楚，孫文雖主張民權，可是要透過「軍政」「訓政」「憲政」才能實現民主，對他來說，「後知後覺」「不知不覺」的人民，要達到民主過程，還有很長的路要走，暫時不夠資格。

辛亥革命前，孫文曾譏笑美國議會選舉，僅能選出逞口舌之快之徒，因此若讓國民選舉，將無法選賢與能，若讓愚劣的議員參政，就會變成「議會獨裁」。孫文將全中國人看成「阿斗」，所以必須「以黨治國」「以人治國」。孫文的「以黨治國」理想，最後終於不得不向十月革命後的蘇聯學習「人民專制」，孫文在「組織國民政府方案之說明」（1924年1月20日）以及「欲改造新國家，當實行三民主義」（1922年1月14日）等演講中指出，「人民獨裁」是比代議政體、政黨政治更加先進的制度，「完全的以黨治國，法、美的共和國都是舊式的，只有今日俄國是新式的，我們今日必須建設最新式的共和國……」孫文的終極之路，還是拜倒在馬列主義之下。

# 第五章

# 五代十國歷史重演

# 一、二十世紀中國的三大崩潰

辛亥革命後三十八年的前中華民國史，可以說是一段超越五代十國的天下大亂時代。受國民黨黨化教育影響的人，所看到的史觀和歷史知識，大多僅限於中華史觀，甚至於僅有國民黨史觀，對歷史的真相不清，粗淺的認識也僅止於政治化的歷史亂談而已。能夠從經濟社會史或生態史來看中國史的，幾乎都是以外國人為主。而台灣和中國的歷史學者，無論如何讀史或說史，都很難脫離中華史觀的魔咒吧？

為什麼二十世紀的中國，會有如此的激變和亂象？中華民國之亂超越五代十國，在歷史社會的背後呈現出三大崩潰，是二十世紀中國人的切身之痛。

1911年辛亥革命後，帝制的崩潰已經無力回天，也可以說是大清帝國的自我毀滅。中華帝國自秦始皇統一六國以來，一治一亂是既定之數，有易姓革命的王朝替換，二千多年來

的中華帝國文化背景，從焚書坑儒到獨尊儒術，或「陽儒陰法」，到了六朝雖然佛教興起，可是宋朝以後，朱子學說或陽明學說興盛，新儒教復興或改革開放以後，「社會主義新文明」創造黨決議，這種種來自儒教靈魂的吶喊或孔子學說的再起，都是儒教定於一尊的緣故。可是儒教在清代捻匪之亂時，山東曲阜孔廟曾被捻軍燒廟掘陵，民國以後又有五四運動的「打倒孔家店」，和文化大革命的「批林批孔」。中國的傳統文化已經被西風取代，即使「呼喚東風壓垮西風」，事實上，中華文化或中華文明已隨著中華帝國的崩潰而失色。

清帝國被德國的中國學泰斗魏复光（Karl August Wittfogel）稱為「征服王朝」，和遼、金、元等征服型帝國有一樣的特徵，是一個有「旗」（軍）「汗」（藩）「帝」三重結構的滿蒙聯合王朝，征服了中國之後，康熙、雍正、乾隆三朝一百三十多年的征服，版圖比明朝擴大了三倍。

可是自從西力東漸和新興的東夷興起之後，二千多年來的中華帝國命運已經註定崩潰。直到辛亥革命，隨著清帝國的崩潰，中華文化、文明已經隨風而逝。

隨著文化和文明的煙消雲散，大清帝國的政權、遺產繼承問題，分成了三大派搶奪，包括自稱為「三皇五帝以來正統繼承人」的新生民國，「征服」或被征服的

非漢族系各民族，以及和大清帝國有國際條約和既得利益關係的列強諸國，因此民國的內戰，是自十八世紀末白蓮教之亂以來，大約一百八十年內戰的延續，並參雜了列強代理人戰爭的性質。

除了帝國、帝制的崩壞以外，還有自然生態的崩壞與失衡。人類的文明崩潰，大都是由於繁榮所帶來對地力的爭奪或摧毀，引起了地力退化，導致自然災變。這也是文明興亡的鐵則。中國山河的崩壞始於漢代，到了盛清康熙、雍正、乾隆三代，由於人口激增，不但帶來了社會環境的連鎖性惡化，因自然生態崩潰所連鎖引發的社會崩壞，可從戰亂不斷和「無山不賊、無湖不匪」的社會環境看出。

若將民國所有的不幸，推給蔣介石、毛澤東或什麼政府的腐敗、帝國主義的侵略等等，那就是對經濟社會史和環境史的輪迴一無所知之故。

二、強人時代的第二革命和第三革命

中國沒有皇帝的時代，已經過了百年之久。雖然沒有皇帝，但依舊有強人獨裁。百年來，中國的安定還是需靠強人來維繫。辛亥革命以後，可以列入強人行列的，包括袁世凱、蔣介石、毛澤東。毛的時代過去之後，強人時代漸漸退化，僅剩下鄧小平勉強維持局面。鄧小平之後，為了「安定」，江澤民、胡錦濤要掌控全局，必須要掌控黨政軍才行，強人靠意志威權指揮的時代已過，這可能是沒有皇帝以後，中國社會依舊逃不過「一君萬民」的社會原理。

辛亥革命後，有關國名、國旗、國歌的決定，革命派慢了一步，只有靠宋教仁的年輕熱情和組織能力，勉強掌握議會的多數。

具體來說，中國本來不是國家，是統率列國的天下，有德接受天命成為天子，才能君臨天下、統率萬民，所以「沒有國名」。但要從天下國家變成近代國家，首先得要有國名才

行。有關中國國名和國號，在辛亥革命前，已有黃遵憲
的「華夏」、劉師培的「大夏」、梁啓超的「中國」、
徐錫麟的「新中華帝國」、章炳麟的「中華民國」等等
爭論。在中華民國臨時政府成立以前，1911年11月30日
至12月3日，已由立憲派所主導下的漢口英租界十七省
督軍代表會議，確立了「中華民國」國號，連組織大綱
都決定了。

　　當時被聘爲臨時政府法律顧問、並指導參議院制定
「臨時約法」的早稻田大學法學博士副島義一，主張以
「大漢國」或「中國共和國」爲國名，最後還是沿用立
憲派所主張的「中華民國」。

　　有關國旗，早在革命同盟會時代，就有黃興的井字
旗和孫文的青天白日旗之爭，辛亥革命後，又加上黎元
洪的「十八星旗」等等，最後以代表五族共和的五色旗
代替滿清青龍旗。至於國歌，則採用自詩經擷取的詩
句，反而沒什麼人會唱，匆匆已被遺忘。

　　有關國號、國旗、國歌，甚至國體、政體的爭論，
從辛亥之後不但各省代表爭論不休，各派意見相左，時
有爭吵，反正中國人多口雜，最後還是要靠強人來解決
一切。當時袁世凱的北京政府，雖非眾望所歸，事實上
也只有他有軍政實力來穩定天下。

　　以「先知先覺」自負的孫文，表面上雖然奉承袁世

凱為「中國華盛頓」，也可屈居袁政府的鐵路督辦，卻心有不甘，其他的革命志士更加不滿。所以就以宋教仁被暗殺為藉口，1913年7月12日，由李烈鈞在江西湖口起兵，「宣佈江西獨立」，接著黃興、柏文蔚、陳其美、許崇智、陳炯明等反袁派，先後宣佈南京、安徽、上海、福建、廣東獨立，被稱為二次革命。袁世凱則命令馮國璋、段祺瑞、張勳等政府軍隊，南下鎮壓，孫派兵敗如山倒，爭相逃命，孫文和胡漢民逃到台灣，由基隆輾轉神戶，受頭山滿保護，防止袁世凱派人暗殺。

　　孫在東京組織中華革命黨後，過著孔祥熙口中「如皇帝般的生活」，樂不思蜀，也對國內發生的動亂處於「狀況外」。北京袁世凱政府因為政體不安定，學習法國大革命後的「王政復古」，改民國為帝制，卻連近側都群起攻之，故第三革命馬上從雲南起義，袁世凱被進步黨人梁啓超、蔡鍔及唐繼堯等西南派聲討下台。在日本逍遙的孫文，直到日本記者告知他三次革命爆發，才驚覺事態已變，重蹈辛亥革命狀況外的覆轍，再度淪落為革命邊緣浪人。

## 三、聯省自治運動挫折始末

英國和日本都是君主立憲制度成功的國家，中國不但洋務（自強）運動沒有成功，康、梁等人的戊戌變法也失敗收場，孫文、黃興、章炳麟等革命派能夠最後出頭，其實也有當時時代和社會背景的因素使然。

孫文的革命思想比較不安定，一直變來變去，本來主張美式聯邦制，後來又嚮往法國統一共和制，最後變成列寧的蘇聯式社會主義，搞到眾叛親離的投共地步。

中國究竟適合那一種國體？以二千多年來的「一君萬民」帝制來說，是有爭議的。但是隨著時代潮流，近代國民國家取代天下國家，中國還是必須順應潮流，變成近代民國。

台灣政壇流行「換人做看看」的口號，美國總統歐巴馬在選舉時也打出「CHANGE」口號。辛亥革命後，民國成立，經過了南北二政府的對峙，雙方達成「和平統一」協議，

袁世凱被正式選爲第一任大總統，但是政權並不安定。可能是新的「體制」有問題，所以不得不「換體制做看看」，學習法國大革命後的「王政復古」來恢復帝制。可是袁世凱畢竟不是拿破崙，「王政復古」失敗了，張勳的復辟也不成功，可是中國的內戰卻越來越激烈，所以1920年代，聯省自治運動（也就是美國的聯邦制）從華中、華南、西南一直蔓延到東北的滿州。

辛亥革命以前，本來只有孫文是聯邦派，武昌起義時，黎元洪也支持聯邦制，就連袁世凱，後來也跟孫文一樣主張聯邦制，可是經歷二次革命、三次革命等內鬥和政治風暴後，由統派變成聯邦派的人越來越多。

比如革命三傑之一的光復會章炳麟，後來也指出：「中國之所以不能從一治一亂的反覆夢魘中脫身，主要原因就是實施中央集權，因爲沒有任何一個政府能夠長期掌控廣大國土，當然就會常常出現混亂。」所以他強調，以民國初年的群雄割據局面來看，絕不可能出現中央集權的政治強人，他批判「約法、國會、總統」是當時中國的「三惡」，所以他強力主張分省自治。

不只革命派的領導人如此，一直是維新立憲派理論大師的梁啓超，也曾主張聯邦體制。梁指出，國家組織的眞正基礎在於地方，因此應該限制中央集權。

在文化界方面，「新文化運動」的白話文提倡者胡

適也主張：「中國版圖太大了，只靠中央集權的單一制
度絕無統治可能，要阻止軍閥混戰，唯一的方法就是實
施地方分權。」

即使是到了人民共和國的改革開放時代，特別是
六四天安門事件以後，民運人士也有人重新主張聯邦制
度。劉曉波等人的「08憲章」也採用聯邦制度，連台灣
國民黨的連戰都曾經心血來潮，試圖以聯邦制來當國民
黨的新綱領，卻被反對派叮得滿頭包而打退堂鼓。

四、另一類型的統獨戰爭

工業革命和市民革命以後，所誕生的近代國民國家，類型非常多。例如象徵「統合同語系」的英格蘭、蘇格蘭、威爾斯、愛爾蘭聯合成大英帝國，也有統合科西嘉、巴斯克、布魯達紐的法蘭西共和國，還有美利堅合眾國。另有不統合成聯邦的拉丁美洲各共和國，也有共和國聯邦的蘇聯。當然，還有合邦的捷克斯洛伐克，及南斯拉夫聯邦。中國和印度的人口都超過十億以上，可是中央集權制度和聯邦制度是完全不同的。

中國二千多年來是一君萬民的帝制，一治一亂循環，帝制卻是二千多年來的政治制度，甚至是文化傳統。可是到了十九世紀末，由於國內外環境的變化，傳統的帝制已開始動搖，這是不可抵抗的事實。

至少對民權的看法就產生了變化。但仍然有反對民權的，例如張之洞就認為國權比民權更重要，並指出最喜歡民權的都是亂民。可是到了民

國以後，還是政治、社會依然動盪不安。所以以地方自主為政治主張的「聯省自治」（聯邦制度）運動開始抬頭。當然，也有像毛澤東一樣較為極端的主張湖南共和國主權獨立，將全中國分成二十七個獨立主權國家。

中國大多數都主張「一個中國」，可是自文革時代以後，出現不少「中國越多越好」的主張，但政治的理想歸理想，現實歸現實。

聯省自治運動，以華中、華南、西南甚至東北的滿州為中心，理由是這些地方受到中央的經濟剝削最為嚴重。從生態學上來看，中國自隋唐以後，北方中原開始荒廢，到了宋朝，南北的經濟力已呈9：1的差距。所以有「蘇杭熟天下足」「湖廣熟天下足」之諺。華北的生存主要靠江南，由大運河所運送的糧食維生，不統一就無法生存，因此江南成為被剝削侵奪的地域，所以聯邦制度比中央集權制度，對於這些地區來說是較為理想的，因而開始有各地地方主義抬頭的現象發生。聯省自治運動，可以說是民國以來天下大亂的歷史產物。

以湖南為例，1920年7月，譚延闓驅逐北京派來的張敬堯，自任湖南督軍，宣告「湖南自治」。後來取代譚延闓掌握實權的趙恆惕，更請來梁啓超舉行大規模的住民投票，公投結果以一千八百一十五萬八千八百七十五票贊成，五十七萬五千二百三十票反

對，於1922年1月份公佈實施「湖南省憲法」。該部胡
南憲法規定：「湖南乃中華民國自治省」「省自治權歸
於省民全體」，並且該省議會議員由全省公民直接選
舉，後來基於該憲法，趙正式就任省長。

　　另一方面，孫文的第二次廣東軍政府之中，支持聯
省自治理論的省長陳炯明，於1920年11月宣佈「一切權
力歸還人民」「從地方官到省議會，全由人民選出」，
也就是廣東省徹底實施自治。相對的，廣東軍政府首腦
孫文一派，從頭到尾堅持以武力統一中國，因此統獨對
立日增，孫文終於被趕出廣東。在浙江方面，1920年6
月6月安徽派的盧永祥公開向直隸派控制的北京政府宣
佈浙江省自治，此時由章炳麟與王正廷主導的憲法會議
已經組成，同年9月便訂出一部「浙江憲法」，聯省自
治運動不但擴大到中國共產黨1922年二大宣言以成立中
華聯邦共和國為目標，更影響到東北聯省自治派的催
生，滿州國因此獨立建國。湖南湖北之戰，也是另類的
統獨戰爭，獨派的湖南與統派的湖北，孫文和獨派陳炯
明的廣東、廣西之戰，獨派被統派的北京政府和廣州政
府消滅，獨派成功的，只有由日本關東軍支持的滿州國
而已。

## 五、中國山河大崩潰的時代

從整個歐亞大陸來看，大陸有大陸的自然生態，海洋也有海洋的生態，在文明史上，各文明圈有各文明圈的文明盛衰，從國家來看，也有國家興亡的歷史。姑且先不論西洋、中洋、印度的不同宗教文明圈。中國長城以北和以南的關內、外，就已經有不同的文明生態。在生活上也是游牧和農耕生活的差異，以長江流域來說，南北方都是農耕文明，但南方是水稻、北方是小麥和雜糧，文化上更是南船北馬。在古文明史上，有黃河文明和長江文明不同流域的自然生態。

農地的生產性有「生產遞減定律」，由於人類對地力長久的掠奪，地力衰退甚至是沙漠化，難以避免，土地的使用可能性頂多八百年，最多二千年已經是極限，古代文明都因此而沒落。

中國土地的退化、森林的消失、山河的崩壞始自秦漢帝國，更早《孟

子》和《韓非子》古典中已經提過。但山河大崩壞現
象，始於清帝國康熙、雍正、乾隆三代的盛世後，事實
上，六朝時代黃河文明就已經開始沒落，就算沒有五胡
亂華，漢人還是要南移才能求生存。這些現象可以從水
災、旱災、瘟疫的大流行，和人吃人的飢饉現象看出，
乃是自然環境急速惡化所帶來的山河崩壞現象。

　　大清盛世時，中國人口激增十倍，乾隆時代已經超
過三億，若以十九世紀的山河大崩壞所產生的自然災害
來看，水旱災等等天災不斷擴大輪迴，災民餓死數目高
達百萬，根本不稀奇，甚至流民超過千萬人南下的紀錄
也有。大約到了十九世紀，水旱災已經到了年年交替發
生的地步，光是十九世紀的紀錄，因水旱災等天災所發
生的大飢荒，造成千萬人以上餓死的次數就有三次。

　　到了二十世紀，中國的自然環境已經淪落為人間地
獄，1930年到1932年的西北大飢荒，按照中華民國政府
的公報，餓死一千萬人以上，人吃人的景象隨處可見。
到了人民共和國大躍進時代的1960年代，也鬧大飢荒，
餓死數千萬人，人吃人景象更是慘絕人寰。

　　按《中國自然災害史》（地震出版社 1989年版）的統
計，1911～49年的民國時代，大洪水有六十五次，受災
人口合計三億人。

　　歷史越悠久，文明越繁榮，榮枯盛衰的定律也越來

越加速推進，中國歷史悠久，中國人吃盡了資源匱乏的
苦頭，又由於人口和自然環境失衡，到了二十世紀，已
經把中國人推入了地獄。因此新生民國實際也是黃泉之
國。康熙時代堪稱是中國人在滿人統治下過的最幸福生
活，其後就每況愈下了。

六、中國無山不賊、無湖不匪的背景

在台灣一談到中國，馬上就認為那是「土匪國家」，這是自古以來的常識。當然，就「馬背上得天下」或「槍桿子出政權」的國家、王朝原理，中國就是「勝者為王、敗者為寇」的國家，所以「秀才遇到兵，有理講不清」。

為什麼中國是「土匪國家」？土匪國家有什麼不好？將土匪正當化的理論就是「易姓革命」理論，綜看中國近現代史，以「革命」為名的造反很多，由孫文的國民革命到毛澤東的農民造反，反正反革命者就是得吃苦頭活受罪。

從嘉慶年間開始白蓮教之亂，到文化大革命終止的大約一百八十年時間，中國沒有一天不亂。如果再追根究底，早在戰國時代，韓非獨具慧眼早就指出亂源，古代人少，現代人多，也就是爭奪資源的根本問題。

若從自然生態學來看，山河崩壞所帶來的自然環境的惡化，連綿擴大

導致社會的崩潰，數十萬、上百千萬的流民或饑民所造成的社會力，非常可怕，小的僅僅是叛亂，更大的，就造成了易姓革命的動因。

現代由於環境劣化所產生的流民，在國際上被稱爲「環境難民」，清代十九世紀的百年內戰和內亂，大概被分爲教匪或會匪之亂，大多屬於環境難民的叛亂，除此之外，也有以宗教名義的回亂，事實上也是環境難民，混雜有民族對立的複雜起因。

中國競爭原理，就是弱肉強食的叢林法則。既然大盜盜國可成君王，那麼小盜也可功成名就，所以無人不盜、無人不偷，因而成爲中國強盜文化的傳統，至今依舊「車匪路霸」活躍，所以政府不得不「消滅四匪、實現四化」。

中國遠在春秋時代就是強盜國家，《莊子》〈盜跖篇〉就有教訓孔子「盜亦有道」的盜跖，《水滸傳》的梁山泊諸盜也是中國英雄好漢的範本。

十八世紀末，英王喬治三世的特使馬戛爾尼（George Macartney）來華拜見乾隆帝，要求通商被拒絕後，行經陸路順大運河南下，從廣州乘船回國。按他的《奉使記》所載，沿途所看到的，不是強盜就是乞丐。

中國社會從十九世紀起就是兵匪不分，兵公然掠奪，匪暗地搶奪，差異不大。民國時代，中國已經是

「無山不賊，無湖不匪」的世界，加上兵匪、學匪、會匪、教匪，到處都是匪，不僅東北馬賊囂張，連大都市的公共汽車都要有佩槍的警衛。清末民初的名盜白狼（白朗）曾經帶領七萬多徒眾橫行華北七十多縣，被稱爲「白元帥」。來往於兵匪之間二十餘年的兵匪頭目樊鐘秀將軍，一度還是廣東軍政府孫大元帥的座上賓。匪賊武裝集團在民國時代乃是左右政局的勢力。張作霖就是眾所周知的馬賊出身。

　　按照朱新繁《中國農村經濟關係及其特質》一書所稱，1930年代的匪賊總數約二千萬人，約是國軍的十倍。又按戴玄之《紅槍會》一書所記，自中華民國建國以來，中國沒有一地不出現匪賊，也沒有一年無匪賊搶掠，因此中華民國被稱爲「中華民賊」「中禍匪國」「匪賊共和國」。在土匪國家長大、受其文化薰陶的人民，即使不當匪賊，人人皆有賊心也不稀奇。

## 七、有中國特色的民國內戰

強人袁世凱稱帝失敗，於1916年遽逝之後，民國內戰再度白熱化。當然袁氏生前並非沒有內戰，如辛亥革命、二次革命都免不了爭戰，內戰的形式大概就是各省軍隊、會黨、匪賊、綠林兄弟之間的爭權奪利。三次革命以後，由北京政府的爭戰發展到廣州政府的爭戰，省對省、縣對縣到村對村的械鬥，無所不戰，中國永無寧日。從辛亥革命到1930年，光是四川省就有高達五百場戰爭，械鬥不斷，殺到寸草不生。直到人民共和國改革開放之後，以江西省為例，1990年代每年就有三百場械鬥，文革十年間，由人民公社的內部批鬥到中南海的捉對廝殺，推測被害者高達一億人左右。

三次革命後，北京政府失去強人，各派各系武裝勢力爭相擴軍，到了1930年代，武裝勢力已經達到五百萬，還有二千萬土匪成為內戰的後備部隊。

　　中華民國時代盤據各地的軍閥及革命勢力的前身，是太平天國之亂的時代，曾國藩、李鴻章等的團練開始增生。後來新軍將領成為主力，有如曹錕這種目不識丁的軍頭，但事實上大都是由日本陸士或國內武備學堂出身的知識份子領頭。民初各地軍閥不限於北洋軍閥，所掌握的權利比清代的總督還大，清代總督雖有兵馬，財政控制權還是被中央派遣的地方官掌握，隨時可能被調職或免職。相對的，民國的軍閥合縱連橫，甚至和列強掛勾，所以說，民國的內戰不少是列強代理人戰爭。

　　袁世凱急逝後，北京政府的政權由誰來繼承？那當然是看實力，孫文等革命派也認為有機可乘，利用張勳復辟為藉口，糾合反袁軍閥到廣州另立中央，後來失敗又高唱北伐，軍政局勢頗不穩定。北京政府政權不穩，總統總理更換有如走馬燈，如後袁時代的總統是黎元洪，但最高實力者是徐世昌；還有一度因反對帝制而被排斥的段祺瑞臨時執政，以及關外的張作霖大元帥。

　　本來段祺瑞的皖派（安福派）主張南伐統一，曹錕、吳佩孚等直隸派則主張和平統一，可是直皖戰爭後，英美原本支持直隸派取得政權，今轉而支持南伐皖派，為了對抗直隸派，奉天的張作霖和安福派、南方的孫文組成「反直隸派」三角同盟，1918年徐世昌就任大總統，調停直奉二派未成，發生第一次直奉戰爭，奉天

軍敗走，張作霖回關外宣佈獨立，目不識丁的曹錕當了大總統。第二次直奉戰爭後，段祺瑞受各派推舉出任臨時執政，1926年7月廣州政府實力軍人蔣介石連同西北軍閥馮玉祥、山西軍閥閻錫山、廣西軍閥李宗仁，率領革命軍揮軍北上。與此同時，自稱十四省聯軍討伐司令的吳佩孚與奉天軍閥張作霖，獲得南京五省聯軍總司令孫傳芳的支持，開始南伐。最後廣州政府勝出，重開國民黨內戰和國共內戰。

八、「滿州帝國」的另類看法

　　滿州國在國民黨史觀中，一直被稱爲「僞」滿州國，滿族發祥地被稱之爲「東北」，東北僅是一個方向而不是一個地名，中國學者的考證，不承認有滿州這個地名的存在，這是不是地名、謊言和歷史考證的爭論暫且不論，但中國共產黨的分部在當時就不用「東北」，而是用「滿州委員會」。

　　約有德國和法國面積總和、緯度也相同的關外滿州之地，當後金國第二代太宗和蒙古的北元結合成聯合帝國、變成「大清」之後，順治帝入關，到了康熙帝時代已經征服全中國，滿州成爲「封禁」之地。一直到十九世紀末的回亂之後，才開始解禁。在「封禁」解除以前，除了密墾、密獵或流刑之外，當地幾乎是無人之境。

　　1900年義和團之亂前，滿州之地的人口到底有多少？約數百萬、數千萬都有文獻記載，但無法考證。俄國

利用義和團之亂，派兵七萬佔領滿州，庚子條約簽訂之後，卻拒不退兵，成為日俄戰爭的導火線。日俄戰爭後，俄國將南滿鐵路讓給日本，俄國勢力完全退出滿州，則是在滿州建國之後。

日俄戰爭後，日本人開始經營滿鐵，使之成為南滿的大動脈，甚至是日本的生命線。事實上，滿鐵在當時已經是關內流民前往滿州的主要捷徑。

在滿州建國以前，關東軍屯駐滿州的人數實質上僅二個師團，按照日俄《樸茨茅斯和約》規定，為了保護鐵路，每一公里不能超過十五名守備軍人，關東軍是以蘇俄為假想敵的獨立戰鬥軍團。除了鐵路守備隊以外，只有遼東半島南端租借地的關東州有駐軍。

當時滿州軍閥以張作霖武裝勢力為主，兵力約四十五萬人左右，軍事預算約佔歲入80％以上，民眾苦於苛稅斂懲，所以農民過了農忙期後就搖身一變為馬賊。馬賊、土匪在當地，推估約有三十萬人到三百萬人，等於中國人平均每二十人就有一個土匪，近代經濟最起碼的條件是要有安定的社會。滿州國建立之後，警察和關東軍取代了軍閥武裝和土匪，全滿州遂在安定的社會之下發展成近代的重工業國家。

「九一八事變」至今依舊被視為中國國難，事實上當時張作霖之子張學良所掌握的部隊數量，是關東軍的

二十至三十倍，但是張氏父子深怕窩裡反，所以夜間都將部隊武器裝備深鎖庫房，關東軍針對此弱點，在夜間以三十英吋巨砲面向奉天軍最精銳的嫡系北大營發射，熟睡中的精銳部隊一聞砲響，手無寸鐵而立刻驚惶潰逃，屈居於張氏父子之下的前熱河省都督闕朝璽、哈爾濱市長張景惠、東邊道鎮守使于芷山、東北邊防軍副司令公署參謀長熙洽等等各地實力派，都趁機紛紛宣佈獨立，由張景惠、熙洽、馬占山、臧式毅四巨頭等人與奉天市長張欣伯、和連省自治派三巨頭王永江、袁金凱、于沖漢等人，全滿州群雄聯合宣佈獨立建國。

滿州建國之後，國體構想複雜，從合眾國到帝國都有人討論，爭執不休，後來才決定以溥儀為共主，產生了滿州帝國。

滿州國雖然未滿十四年就夭折，可是卻成為戰後最先進的重工業地區。人民共和國慘澹經營，幾乎搜刮光了滿州國的遺產，才能順利過度到改革開放時期。滿州國時代，中國北方流民每年平均約一百萬人以上逃入滿州的王道樂土，滿州國夭折時，人口已經達到四千五百萬人，滿州在近百年來，實質上已經變成被中國人大量移民殖民的地區。2000年人口已經超過一億三千萬人。而以滿州為基地，「偷渡出逃」到西伯利亞凍土求生的中國人，每年約有五十萬人。

## 九、民國的「現代三國演義」

現在每年在台灣和中國各地，每到八月十五日都在慶祝「八年抗戰勝利」，各類媒體也少不了炒作這個話題，順便解釋歷史，好不快活。

當然，「八年抗戰」可能還不過癮，某些歷史學者抄襲日本左派的看法，從「九一八事變」開始算起，就成爲「十五年對日抗戰」。而自從1989年天安門事件後，又加上蘇聯崩潰，社會主義國體面臨危機，第三代接班人江澤民等爲了死守社會主義政權，開始掀起反日的民族主義熱潮來轉移焦點，在「台灣是中國絕對不可分割的神聖領土」的前提下，對日本明治維新開國後所發生的「牡丹社事件」（1868年）、「琉球處分」等等，皆列爲「對日抗戰」，所以四捨五入約八十年的對日抗戰，已可稱爲「百年對日抗戰」，如今正成爲中國反日風潮的主流論述。

但，究竟是否有「八年抗戰」？這只是二戰中屬於「中日戰爭」的通

稱，是爲了凸顯「日本侵略中國野心」的史觀而來的
（中國人喜歡使用「八」這個數字，有「發」之隱喻），而且隨
著政治炒熱，當然是越激烈的政治表述越能得到宣傳效
果。

　　但是從眞正的歷史觀來觀照，所謂「全面對日抗
戰」，從1937年7月7日的「盧溝橋事變」開始，一直到
1938年的10月27日武漢淪陷爲止，中國就已經大致停止
全面作戰，潰敗於日本。以後雖有零星衝突、摩擦、游
擊騷擾，事實上被中國稱爲「淪陷區」的各地方，在武
漢淪陷之後，都已紛紛成立治安政府，日本開始在這些
「淪陷區」進行近代化建設。從1940年開始，中國已經
進入南京汪精衛政府、重慶蔣介石政府和延安毛澤東政
府的「三國鼎立」時代，也就是所謂的「現代三國演
義」。如果不用這種角度來宏觀1940年後的中國現代
史，將會掉入國民黨、共產黨黨化教育的政治史觀陷
阱。

　　這個「現代三國演義」演了整個1940年代，直到汪
精衛政府崩潰、蔣介石政府出逃，由毛澤東政府統一天
下才結束，這是一百八十年民國內戰一階段的暫時終
結，所謂「八年對日抗戰」由此史觀來看，不過僅是中
國內戰的一部分插曲而已。

　　近代中國無論在兵器、人員素質上，都無法打近代

第二波文明的戰爭，所以這個「現代三國演義」的爭戰，背後都有西方列強的支持，日本挺汪、美國挺蔣，而蘇聯挺毛，這個「現代三國演義」，其實也是列強在幕後操刀的代理人戰爭。

除了列強代理人戰爭性格之外，所謂的「八年抗戰」，也有中國歷代「南北對抗」的傳統性格存在。這股對抗，是南、北人在文化、文明上的對抗。例如蔣介石率軍北伐消滅北京政府後，北方人對南方人稅金、財產的分配都不公平，北方人認為被南方人「征服」，所以才會「逼蔣抗日」，而在這個「抗日」的過程中，北方人處處利用戰爭來擺脫南方人的控制（防共自治政府、各淪陷區治安政府）。

由美日蘇三強所支持的「現代三國演義」戰爭，在日本戰敗、南京政府被重慶政府併吞之後告終，然後再展開第二次的國共內戰。

十、我對中日戰爭的前後觀察

對於中日戰爭，我與其他人有不同的見解，目的並不是在樹立我個人的一家之言。我的目的在凸顯主流看法的乖謬（包括中國、台灣甚至日本），認為中日戰爭是日本「侵略」中國，我對此深不以為然。

有一次在一個日本電視政論節目上，一個知名的國會議員質問我，難道你不認為中日戰爭就是「日本侵略中國」嗎？我回應斷言：「那是日本對難分難解的中國內戰所採取的人道和道義的介入」，觀者聽了，一片譁然。

2002年，拙著《日中戰爭》在台灣出版，中國時報以整版的版面「揭露黃文雄的陰謀」。當然，該篇報導沒有一個字是史評，那是一種政治性的攻擊，而不是專業的歷史學術論辯。

我中、小學時代，為了背誦歷史應付考試，記得當時的「八年抗戰」傷亡人數是三百多萬人，但是後來的

歷史教科書隨著政治演變，把人數增加，到了1990年代已經增加十倍、到達三千五百萬人。無論任何人對這種中國式的歷史觀都抱持著懷疑。後來我受聘負責大學百年史的編撰工作，更加有機會和世界各大研究所的專家進行還原歷史資料的工作，包括歐、美、俄各國醉心於歷史研究的專家，因為我的專長是歷史哲學，並不是東洋史。

任何戰史都有歷史背景的累積，不僅限於日中戰爭，日本自開國維新以後，就是以西洋文化為優勢的近代國家，日本為了國家和民族的生存，不只有「脫亞入歐」的主張，也有「大亞細亞主義」的誕生。自日清甲午戰爭、北清事變（義和團）到日俄戰爭，甚至辛亥革命為止，都還是國際上「白禍vs.黃禍」的對立時代。日清雖因為國益的對立而有交戰，可是日本為了自己國家民族的安全，民間和在野政治家中，還是有許多人力主「支那的覺醒」、「支那的保全」，所以日清是處於唇亡齒寒的關係。

中國反日、仇日、排日的關鍵，始於袁世凱的「二十一條要求」，可是所謂「二十一條要求」的內容，事實上多半是反袁政治集團的政治宣傳，有不少內容是捏造的，本來所謂「二十一條要求」的內容，和孫文一派所提出的「出賣滿州」論，事實上差別不大，當

時孫文一派多是革命邊緣浪人，而滿州當時則是在日、俄和張作霖勢力掌控下，礦山、鐵路等等也是由袁派掌握，孫派僅僅是買空賣空「出賣滿州」，所以「二十一條要求」事實上是歷來條約變更的希望要項，當然對象不是孫派，而是代表中國唯一合法政權的袁世凱政府。

因為中國內部北方人為了「逼蔣抗日」，各勢力才積極展開仇日、反日運動，基本上是南北對抗的延伸。為了逼蔣，北方自治勢力還屠殺日本人，逼迫日本政府的「支那膺懲」論高漲，故對立昇高，即使有蘆溝橋事變，日本從未放棄與支那和平交涉，因為當時日本最大的敵人並非中國，而是整個「防共」的國防戰略，德日義三國同盟的主題也是「防共」。

有關日軍暴行「鐵證如山」的說法，除了拙著《日中戰爭》以外，有關近現代史的著作都有詳細的論證。最初中國所揭發「日本侵略世界計畫」的所謂「田中奏摺」，因為文章內容和奏摺（日本稱「上奏文」）的基本格式完全不同，在出現當時已經被日本外務省認為「偽作」。而「黃河決堤」、「長沙焚城」，發生後不久就被戳破是蔣介石自導自演的失敗之作。所謂「七三一部隊」的「暴行」，經過美國政府事後對相關人士的調查，其實都非事實。所謂「三光作戰」或「萬人塚」，都是中國傳統戰爭文化的延續，並不屬於日本習慣。而

所謂「南京大屠殺」，最常被中國人拿出來說三道四，而在日本由東中野修道教授和筆者所參與、組織的「南京學會」擁有百多位專家學者的研究和驗證，有多部暢銷書籍作品熱賣，也揭露了中國人所謂「鐵證如山」的證據，不但照片破綻百出，證據也多有疑點，他們除了政治宣傳之外，根本無法取信嚴謹的歷史科學檢證。最後，中國政府剩下唯一的手段，就是在各地建立各式各樣的「日軍暴行歷史紀念館」，來自我安慰和撩撥民族主義的仇日、反日風潮。

第六章

蔣家神話痛失神州

一、建國三尊的造神運動

羅馬帝國建國有三大英雄的故事，日本也有，德川幕府有織田信長、豐臣秀吉和德川家康三傑。二十世紀的近代中國，如果要找出建國立國的「三傑」，我會推薦三位決定性的人物，就是孫文、蔣介石和毛澤東。

這三人的性格不一定相同，可是都有他們強烈的個性或領導風格。不但同代的人，包括後人對他們三人的評價都是毀譽參半。但這三人也有很多共同點，如同世界上的所有偉人或英雄豪傑、梟雄奸匪，都有他們關鍵的一面。

這三人在時代的大潮流中，對中國的近代國家、民族都有強烈的影響。

此三人都是革命家，建國立國或衰國亡國，革命不一定成功或建國未必成功，三人在近代中國，都可以說是無法無天，可是這也是無可厚非的，因為中國本來就不是個法治國

家，又有易姓革命的傳統，所以若以革命的大義名份來亂搞天下，無法無天似乎情有可原。因為中國是「馬背上取天下」、「槍桿子出政權」，所以是可以被肯定的。

三人都是革命家，所以個性剛愎自負、唯我獨尊也是必然。這是典型的革命家性格。當然此三人在對內或對外的鬥爭中，大都歷經滄桑、吃盡苦頭，幾乎是經歷過地獄般的歷練而生存下來的，所以也是鬥爭打架與吵鬧的高手。

如果用李宗吾的《厚黑學》史觀來品評這三位人物，孫文應該是屬於劉邦或劉備一般的「厚的人物」，蔣介石或毛澤東則是屬於如曹操一般的「黑的人物」。

孫文、蔣介石和毛澤東三人都是被神格化的人物，有所不同的是孫文是在死後被神格化的，所以真面目會隨著時代被一一揭穿，歷史光環也會褪色。畢竟孫並非文學家、哲學家或者思想家，被後代的「賞味期限」比較短，和宗教家或思想家比較起來，當然相形見拙。

大抵經過造神運動所神格化的領袖人物或英雄豪傑，大多是虛構的形象，可能一時會成為民族救星，備受景仰，享盡榮華富貴。可是在同時代的人或敵對者看來，全屬於虛構，造神運動一旦冷卻，留下的頂多是殘像。

　　蔣介石和毛澤東的造神就屬於這種樣貌，近世代都親眼目睹其興衰。台灣面積僅有三萬六千平方公里，蔣介石的塑像就高達四萬三千座，甚至還有十萬座之說，平均每平方公里就有一到二尊，可是一旦時代浪潮過去，就被請進公園展示或廢棄，毛澤東也一樣，現在中國境內雖然還有毛派百鬼夜行，要讓他起死回生也不那麼容易，建國三尊的世俗化是很快瓦解的。

## 二、蔣家出身之謎

　　建國三傑蔣介石的出身之謎，比起孫文或毛澤東，特別撲朔迷離。項羽目睹秦始皇出巡的陣仗，興起了「王侯將相何必有種」、「有爲者亦若是」之嘆，要在中國成爲領袖人物，自古以來第一個就是「要有種」，古人不談，就以今人作例來說，毛思誠主編的《民國十五年以前之蔣介石先生》，就找出蔣介石的祖先是周公的第三子伯齡。陳伯達的《中國四大家族》，連蔣介石自述的《中國之命運》都是用周文王的後裔來自我標榜。當然，偉人必定要出自聖賢之後，至少也要出自名門，這是中國的歷史法則。例如孔祥熙是孔子的直系子孫，中國也有曾子之後、孟子之後、岳飛之後等等，不一而足。

　　蔣介石出身之謎，或蔣家後代，可以說比任何近代人物還要備受關注。不但蔣介石生前如此，死後的謎團更是漫天炫染，成爲坊間八卦議論的主要話題。

　　如果按照「台灣省陽明山管理局」發給的「蔣中正
國民身分證」的紀錄來看，上面記載「民國前二十五年
十月三十一日生，父母是蔣肅庵、蔣王氏，次男」等
資料。但若按照以前流行一時的唐山（嚴慶澍）《金陵
春夢》（全八卷）所寫，蔣介石是河南省許州（許昌）出
身，本名鄭三發子，因饑饉隨母王氏流落至浙江成為蔣
啓聰的後妻。當然，《金陵春夢》甚至楊虛白的《金陵
殘夢》（全五卷）的可信度到底如何？也啓人疑竇。

　　筆者曾經藉著數天的同車機會，不避諱地請教過蔣
介石的侍衛長。根據他所說，《金陵春夢》的「鄭三發
子」是胡說八道，蔣介石的父親是寺廟的和尚。不只是
某侍衛長如此說，何國濤所著的《解開蔣母王太夫人的
身世之謎》也否定「鄭三發之子」論。

　　董顯光的《蔣介石傳》純屬宣傳用，產經新聞版的
《蔣介石秘錄》（全十五卷）是蔣介石的自述，當然有不
少可貴的史料，不吹牛不造謠，真實的地方不少。有關
蔣介石的出身，側近的回憶錄，例如《在蔣介石身邊八
年——侍從室高級幕僚唐縱日記》（群眾出版社）、居亦
僑《跟隨蔣介石十二年》（湖南人民出版社）……試圖揭
開蔣出身之謎的書，可信度也頗高。若按唐瑞福、汪日
章的《蔣介石的故鄉》所述，蔣母王氏因夫早死，曾一
度出家為尼，後來成為蔣啓聰的後妻，王氏二十二歲生

下蔣介石，蔣介石四位妻子，包括毛福梅、姚冶誠、陳潔如和宋美齡四人中，蔣經國出自毛氏蓋無異議，蔣緯國較蔣經國小六歲，蔣緯國八十一歲去世後，所謂「遺書」曾在商業週刊以特輯連載，曾經引起爭論。連立法院都一度欲請相關人士開公聽會辨別真偽，後來又不了了之。

　　蔡金宣的《蔣緯國是誰的兒子？》（知青頻道社）中，不但對經國、緯國甚至和戴季陶、戴安國等人的出身有詳細的考證。孫淡寧（筆名農婦）的《蔣緯國報道》中指出，蔣緯國不是蔣介石的兒子，和戴安國是血緣兄弟。緯國和安國的母親是津淵美智子。有關蔣家之謎，蔣介石、蔣經國二代貼身侍衛副官翁元所口述的《我在蔣介石父子身邊的日子》（共計四十三章），有不少未曝光的記述，政治色彩不高，比起《蔣介石日記》，真實性更高。

三、蔣介石為何偽造日本陸士出身學歷

若按蔣介石的國民身份證所記，教育程度欄寫的是「日本士官學校」畢業。日本沒有這所學校，只有陸軍學校，包括幼年學校、陸軍士官學校，然後有陸軍大學，簡稱「陸大」，陸軍士官學校簡稱「陸士」，而海軍有「海兵學校」。

蔣介石身份證的「日本士官學校」，可能是「日本陸軍士官學校」之誤。在戰前，日本「陸士」出身，可說是國民最嚮往的國家棟樑。不少東京帝大或京都帝大學生，畢業後都紛紛投考「陸士」。

中華民國政府公文書，或小中高學校的教科書中，蔣的學歷都是日本陸軍士官學校畢業。對一位軍人出身的領袖來說，進「陸士」確實可以為自己的形象錦上添花。所以蔣介石他也打了這些主意。但為什麼蔣介石連自己的學歷都想公然說謊，這個可能性可從幾個側面資料來推測。

《民國十八年中國國民黨年鑑》

（1929年）中，蔣的最終學歷為「日本陸軍士官學校畢業」。1937年5月出版的《蔣介石全集》的「略傳」中更明確說「初入日本振武學堂，繼入日本士官學校」（上冊）。鄧文儀編著的《偉大的蔣主席》，甚至將蔣介石在「陸士」的勤勉力學風姿，寫得有如親臨現場一般，連現在台灣新聞界狗仔隊的「看圖說故事」報導，也沒有這般精彩。

蔣介石「陸士」畢業的謊言，到底是不是他本人有意或無意的說謊？這可從另一個角度來考證，蔣的宿敵之一、桂系的李宗仁曾在回憶錄中道破蔣的本名是志清，年輕時曾入保定陸軍速成學堂，但因為不守校規而被退學。後來入日本陸軍振武學堂，受軍事教育訓練，可是歸國後，冒稱第六期「陸士」畢業，還饋贈士官學校同學會負責人劉宗紀五萬元，加入成為會員。

蔣介石的正式學歷，1902年曾經到縣城奉化參加童試，1903年入奉化洋學堂鳳麓學堂，翌年轉學龍津中學再轉寧波箭金學堂，1905年清朝廢科舉，蔣在留日之前，曾毅然剪下辮子，成為反清革命的美談。可是按《張岳公閒話往事》一書，張群說蔣介石是到了日本以後才剪掉辮子，這又是一謊。蔣1906年從日本回國後，入「通國陸軍速成學堂」（段祺瑞所開設，保定軍校前身），1908年和六十二位陸軍速成學堂留學生再往日

本，進入「陸士」預備校振武學校，後來到新潟縣高田，當陸軍第十三師團野戰砲兵第十九聯隊的二等兵實習生。

蔣為什麼要誇稱「陸士六期畢業」？一個解釋是：北伐成功，蔣介石已成為實力堅強的政軍領袖，可是中國還是一個重視學歷的國家，蔣介石所號稱的「陸士六期畢業生」中，閻錫山、孫傳芳都是同期生。他們對六期生中有無這位同學卻毫無印象。蔣的親密戰友張群則是陸士十期，他的部下何應欽、谷正倫、賀耀祖是十一期，對一國軍政領袖來說，如果學歷都輸給這些政壇後進，情何以堪？

## 四、蔣介石成為「國父孫中山繼承人」的真相

革命同盟會是1905年在東京成立的，若按照陳布雷的《蔣介石年表》或者蔣家族譜來看，蔣介石經由陳其美介紹加入革命同盟會，是光緒33年（新曆1907年2月3日～1908年2月1日之間）。1907年蔣不在日本，是到1908年春才抵日，當時陳已經返回上海，所以不可能在1907年在日本加入什麼同盟會。

若按《蔣介石評傳》（上冊，李敖、汪榮祖合著）的推測，可能是1908年在上海加入同盟會。

蔣和孫文的初次見面，根據黎東方的《蔣介石傳》，是宣統一年（1910年）經陳其美所介紹。孫蔣初次見面的談話，除了產經新聞版本《蔣介石秘錄》中的「自說自話」之外，貝華的《蔣介石全集》中「蔣介石先生傳略」、董顯光的《蔣介石傳》、鄧文儀的《偉大的蔣主席》中，均有提到。

可是若按照《國父年譜》（增訂

本）和徐詠平的《民國陳英士先生其美年表》來看，1909年或1910年間，孫蔣之間經陳介紹是不可能的。蔣在1935年8月13日峨眉山軍事訓練團的升旗典禮講話「革命軍的基本要素」中，自稱「從十八歲追隨總理」也不能成眞。蔣十八歲是1904年，不但革命同盟會尙未成立，他也還在故鄉鳳麓學堂唸書。蔣1975年去世時的遺囑中也提到，「余束髮以來即追隨總理革命，永遠是基督與總理的信徒……」也是至死說謊、矛盾連篇。

《蔣介石秘錄》中，蔣自稱在日本軍事學校在學中，曾經加入秘密革命組織「鐵血丈夫團」，當時黃郛是此組織的中心人物，李烈鈞和閻錫山都有加入，在諸本回憶錄中雖然人數都有出入，蔣的親友張群也名列其中，陸士生和成城學校、振武學校預備生也都有加入，蔣介石（志清）的名字，卻在名單上找不到，可能又是謊言。

根據黎東方《蔣介石傳》，蔣耳聞辛亥革命後，召集高田野砲兵第十九聯隊十幾名中國人隊員，和一百二十名留學生回國參與革命，事實上和蔣一起回國的，只有張群和陳星樞二人而已，哪來一百二十餘人？國民黨黨化教育歷史教科書中敘述，蔣率軍「光復杭州」，當時蔣僅二十五歲，又是從日本由陳其美命令趕回上海，蔣趕到杭州時是11月3日，4日攻城，6日戰爭

結束，蔣確實趕上戰鬥，但若要論是在他率領下光復杭州，恐怕又是歷史謊言。

蔣介石追隨總理革命，若按照魏伯楨《上海證券交易所與蔣介石》、石丸藤太《蔣介石評傳》等書，或是戴季陶、張靜江等人的史料來考據，蔣介石追隨總理，可能是在陳其美1916年5月被袁世凱暗殺之後，蔣失去了龍頭，孫遂直接指揮部下，才有所接觸。

1924年設立的黃埔軍校，是國共合作的歷史產物。蔣介石被任命爲校長以後，才漸漸頭角崢嶸。當然蔣介石所面對的競爭對手很多，除了廣東軍界大老許崇智、陳炯明以外，還有黨內大老如汪精衛、胡漢民等，所以孫文去世以後，有關繼承人是誰的問題，幾乎引爆國民黨內的內戰。

## 五、殺手蔣介石的秘笈

擒賊要擒王、革命靠暗殺，這當然是中國自古以來的傳統。司馬遷的《史記》「刺客列傳」寫得很動人，所以也很知名。而刀光劍影、冤冤相報的武俠小說一直膾炙人口，鐵血鋤奸是其間很大的熱血元素。

幫會出身的孫文和蔣介石，都是靠著殺伐來奪取天下，所以都有一套，不但黨內、外殺來殺去，自己人也常常互殺，根本沒資格講什麼「中國人不殺中國人」。事實上，中國人殺最多的還是中國人。

不但孫文的革命靠暗殺，黨內鬥爭也是靠暗殺。例如汪精衛是國民黨溫和派代表，年輕時也以暗殺攝政王載灃未遂而名噪一時。中山艦事件時，蔣介石又指摘汪企圖暗殺他，在重慶政府時代，蔣汪不和，汪一度被暗殺未遂，故後來成立南京政府。

孫文和陳炯明本來是革命的老同志，統派的孫文和獨派的陳炯明不和，因為政治意見不同，專門要嘴皮

的孫文想奪權，曾經用毒瓦斯裝填在八英吋大砲射向陳炯明陣營威嚇，企圖奪權不成，被趕出廣州。保護孫逃出廣州的是蔣介石，孫文指摘陳炯明「叛變」，胡適反而讚揚陳炯明，稱其爲「革命」。

辛亥革命後，舊革命同盟會已經開始「鐵血鋤奸」了。孫文當了臨時大總統僅二週，就下令陳其美暗殺他的天敵：光復會陶成章。陳命令蔣介石執行，蔣進入上海法租界廣慈醫院中，射殺養病中的陶成章後逃遁日本，黃興憂慮孫可能會繼續暗殺光復會大老章炳麟，乃去電給陳其美，要他保護大老。革命老同志你殺我我殺你，宋教仁、陳其美也都被幹掉了。

中國社會是以同文、同鄉、同學、同黨、同事等「五同」人際關係組織而成的社會。蔣介石集團的關係，幾乎可以說就是「五同集團」，依靠此五同來達到政治權力巔峰。根據翁元的回憶錄所述，蔣的「領袖鐵衛隊」貼身人員所組成的外勤隊，自成一個獨立大隊，以當時最新式的美式武裝，包括自動步槍、衝鋒槍、卡賓槍、德製連發手槍等裝備，組成騎馬隊、輜重隊、工兵隊、通信隊等共約六千人，大部分都是浙江子弟兵。

蔣每次下野都要殺人洩忿，第一次下野殺王天培，第二次下野殺鄧演達，第三次下野殺楊虎城。西安事變要角之一楊虎城被殺，是在1948年9月6日（也有17日之

說），由蔣介石下令，特務頭子毛人鳳指揮，在重慶戴公祠殺害包括楊十七歲次子、八歲女兒、秘書夫婦及其未滿十歲的兒子、副官、保鑣等八人，全遭慘殺。二個月後重慶被解放軍攻下，被捕的戴公祠十一名衛兵供出，才發掘出整個屠殺現場，詳細經過記載於沈醉的《軍統內幕》裡。

中日戰爭後，蔣逃往四川重慶，馮玉祥的舊部宋哲元、韓復渠和四川實力軍頭劉湘為了抵抗蔣黨奪權，試圖組成鐵三角同盟，最後反被宋哲元密告，韓復渠被射殺，劉湘在漢口住院，第七戰區司令官在不知不覺中被陳誠取代，劉最後得知韓被殺，憂憤咳血而死，據說是戴笠買通萬國醫院護士將其下毒殺害。

## 六、蔣介石的情報組織手腕

國民黨黨化教育的兒童軍歌教唱，常常有「保衛大台灣」、「反攻大陸去」或者是「保密防諜、人人有責」的宣告，每個小學生在白色恐怖時代，回到家還要指導父母如何檢舉匪諜，甚至警告「知匪不報者同罪」，我學生時代的台灣，白色恐怖正是風聲鶴唳、草木皆兵。

中國自古以來就是這種社會，特務密佈，特別是到了明代，特務系統更加發達，東、西廠不夠，還有內行省。不但社會如此，文化精神世界也是一樣。例如道教裡面的仙人，多數的功能是「監視人間生活的特務」，你的一舉一動都會透過這些仙人向玉皇大帝報告，從廚神、廁神、門神到藏匿在體內的三尸，都是神監視著人的文化。連土地公也似乎是地方派出所的警察一樣，監視你的一言一行。南極仙翁可賞賜壽命，所以眾神也因此特務功能而享盡人間香火祭拜。

自古以來，這種監視的神人關係

社會文化，是中國所獨有，也是中華文化的特色之一。

孫文、陳其美都是幫會出身，蔣介石也由陳牽引入幫，到了民國時代以後，就有超越幫會的發展，革命浪人孫文因爲很少掌握這份權力，連黨的組織都很渙散，據第三國際對孫文的觀察，除了孫一人之外，沒有人交黨費，也不知道黨員有多少，所以列寧才指導國民黨要如何重整組織，在這一方面，蔣介石遠較孫文厲害，因爲蔣介石要出人頭地，比孫文只耽溺邊緣要困難百倍，政敵對手多不勝數，領袖之位得來不易，全是靠他的努力和實力而來，所以靠特務組織奪取天下，也要以特務組織治理保有天下，時至今日，黨、政、軍、特四位一體，還是國民黨意識形態的重心。

蔣介石個人的特務組織有二個系統，一個是陳立夫、陳果夫爲中心的CC團，一個是黃埔系軍官出身的復興社。1930年代，蔣能夠力拚群雄、馬背上得天下，依靠的就是嚴密的特務組織。1938年3月在武漢國民黨臨時代表大會，通過「抗戰建國綱領」，蔣成爲黨總裁、汪精衛爲副總裁，而以蔣爲中心所成立的「三民主義青年團」（三青團）是繼CC團（青白社）、復興社（藍衣社）以外，第三個黨內特務組織。

最初「三青團」網羅全國優秀革命青年展開滲透、檢舉、蒐集情報、破壞、暗殺等工作，也日漸展開黨內

的清算內鬥。1938年僅有千人左右的三青團,到了1945年已經迅速膨脹到一百萬人。

蔣除了「三青團」之外,1938年還在黨內創立「中央調查統計局」（中統）,朱家驊是局長,實際上是由副局長徐恩曾執行,主要任務是監視國民黨黨員和共產黨黨員,滲透各團體並暗殺政敵,又在同年3月武昌國民黨臨時大會時,設立「軍事委員會調查統計局」（軍統）。軍統的前身是復興社特務組,更前身,是軍事委員會的密查組。軍統的實權掌握在副局長戴笠的手上,戴笠直屬蔣介石,對蔣負責,依據軍統總務處處長沈醉的記述,當時的特務訓練所已經達到四十餘所,按唐縱《在蔣介石身邊八年》所述,連蔣身邊的胡宗南、宋子文都被監視。復興社雖有賀衷塞的「政訓系」、唐澤的「別動隊」,大權還是在戴笠的特務處手中。汪精衛的暗殺雖未成功,但民盟的李公樸、詩人聞一多都被暗殺成功。戴笠飛機撞山之祕至今未解,整個組織的人數從三十萬到五十萬,真正的人數無解,但整個勢力在戴笠死後煙消雲散,蔣也因此痛失江山,可見影響不小。

七、蔣介石力敵黨內群雄

在幫會組織或者革命團體裡面要能夠出人頭地，並不簡單，少不了要看黨齡、輩份。蔣介石在這些方面不如人，所以全靠自己的努力和實力累積。他用盡鬥智、手腕和權鬥，江山得來不易。蔣介石個性呆板，比不上名嘴孫文的舌粲蓮花，毛澤東則文采高於蔣介石，可是口才比蔣介石好不到哪裡去。蔣、毛二人都不是能言善道的豪傑，又加上浙江和湖南的口音濃重，如果在媒體發達的今天，恐怕很難用嘴巴拿得天下。

可是，蔣、毛都風雲際會成了時代英雄或奸雄。但造神運動時代已經過去了，我們後人應該比前人更有冷靜的機會來探討這些歷史梟雄的真面目。

蔣介石若論輩份，或傳統學經歷，都不如人，只能自稱是周公後裔，壯大身世。而民國的這些梟雄，除了張作霖能夠成功傳給張學良父子交接之外，很少有梟雄能夠過二代。

民國的英雄豪傑大都一代而終。

　　蔣介石和孫文熟識，可能是在孫文被陳炯明趕出廣州時，運氣好逃到停泊在黃埔島附近的永豐軍艦，蔣介石接到了孫的電文，從上海跑到廣州，和孫文在艦上共患難四十二天，才換坐英國輪船逃到香港，所以蔣和孫從此之後急速密切接觸，蔣也盡量利用「孫大總統廣州蒙難記」這段歷史，來大力自抬身價。而蔣同時也面對許崇智、胡漢民的挑戰，後來和汪精衛聯手，將許、胡二人趕出廣州。

　　蔣的真正發跡是從黃埔軍校開始的，黃埔的人、錢、物資兵器全部是由蘇聯提供，連孫文也不得不聯俄容共，拜列寧為師。開始當初的教官也由蘇聯派遣，第一次東征是以加能將軍為首的二十名蘇聯軍參。第二次東征更多，連廣東軍政局的中央銀行的設立，都是由蘇聯提供資金。黃埔軍校由國共共同運作，孫文主持開學閱兵時，面對的是穿著蘇聯式軍服的五百名學生，整個學校體制也是蘇聯式學校，1924年11月6日的黨中央委員會第五十八次會議中，決定蔣介石為校長、廖仲愷為黨代表。

　　蔣介石從一位邊緣人物，搖身一變為國民黨最高領袖，按照李宗仁的回憶錄所述，黃埔軍校初期雖然極具革命精神，可是每期的訓練僅數個月而已，在實際戰鬥

行動上還未成氣候，所以王柏齡所帶領的第一軍第一師團在江西南昌一戰中全軍覆沒。

依照徐向前（黃埔一期）元帥的回憶錄描述，蔣每週必定到學校找十位同學個別面談，以籠絡手段，建立起黃埔嫡系的勢力。蔣介石在左派主導時代還是邊緣人物，孫文死後的1925年6月15日，國民黨中委會全體大會，在30日選出十位國民政府委員，和7月1日改組大元帥府，以後主席是汪精衛，軍事部長是許崇智，外交部長胡漢民，財政部長為廖仲愷，蔣連掛名都沒份，他是後來平定廣州商團之亂後，成為東征勝利英雄，才在國民黨1926年的二全大會後進入核心，並以北伐的司令官戰中勝出，壓倒群雄。

八、蔣介石北伐成功之謎

蔣介石從國民黨的二全大會後，雖然和汪精衛並列成爲實力人物，事實上孫文去世以後，國民黨群龍無首，所以採用多首長的委員制，因此有汪的黨、蔣的軍之稱號，在黨內的輩份或名望上，蔣還是有他一呼百諾的魅力與實力。

蔣的實際掌權，要在中山艦事件後和隨之而來的上海清黨後。黨在1926年的二全大會以後，最大的反黨右派勢力已經潰不成軍，失去影響力。本來黨內反孫文「國共合作」的右派勢力很強，可是自從廖仲愷被暗殺，被懷疑下手的是胡漢民、許崇智，兩位黨國元老乃被排除在權力核心之外。廖死後，胡、許逃避外遊，右派在廣州失去地盤，相繼逃往上海和北京，在該地結成「北京同志俱樂部」和「上海辛亥俱樂部」，繼續反共活動，並於1925年11月23日在北京西山碧雲寺召開國民黨一全四中會議，參加西山會議的有第一屆黨常委

員林森、居正、覃振、石青陽、石瑛、葉楚傖、鄒魯等八人，和監察委員張繼、謝持二人，以及其他反共右派人士，被稱為西山會議派。

孫文死後的黨內最大理論大師戴季陶，成為孫文學說的繼承人，戴以「純正三民主義」批判「容共路線」後的新三民主義，與「聯蘇容共」路線的汪、蔣對立，所以二全大會剝奪了戴和孫科等右派的黨籍，二全大會最大的問題是處分西山會議派。

至今還是國共史上最大謎團之一的就是「320事件」。也就是「廣州事變」，也被稱為「中山艦事件」。1926年3月18日，國民黨政府海軍局的中山艦（原永豐艦）突然出現在黃埔軍校海邊，蔣介石立即下令廣州戒嚴，逮捕艦長等等擴大成為政治事件。據稱是汪精衛主席和蘇聯軍事顧問密謀計畫將蔣介石綁架到海參威，蔣利用此事追究責任，汪精衛被懷疑而離開黨核心。

1926年6月4日，國民黨中央黨部任命蔣介石為北伐軍總司令，7月9日在廣州舉行誓師典禮，孫科抱孫文遺像，黨主席譚延闓綬印、監察委員吳稚暉授旗，7月底蔣離開廣州，鮑羅廷在歡送會上說：「在蔣同志之下共同前進打倒敵人。」

在蔣介石率軍北伐離開廣州時，李宗仁軍隊已經佔

領湖南南部，唐生智被國民革命軍策反成爲第八軍團團長，7月15日，李、唐兩軍合流時，蔣還在廣州未動，蔣率軍北伐途中，徐州孫傳芳部隊被破。

國民革命軍分三路開始北伐後，勢如破竹，可是立即發生了武漢政府和南京政府的對立，黨內已經發生了武漢、南京、上海三方的黨內主導權紛爭，汪精衛後來敗走廣州，結合張發奎、李濟琛的勢力，重整旗鼓，形成武漢、南京、廣州黨中央的三足鼎立，所謂「一黨三中央」形成。

國民政府的對立，和黨中央的對立，蔣介石眼見機不可失，1927年4月12日的「四一二政變」，進行清黨，聯合黑幫在上海進行白色恐怖。廣州政府到底遷都到武漢、南昌還是南京，以清黨來解決是最好的手段。蔣終於決定和共產黨劃清界線，指令歸順的周鳳岐、上海青幫杜月笙開始「鐵血鋤奸」。據統計，四一二政變殺死共產黨員共四十萬人，但是斯諾（記者）和當時的黨書記張洛甫（張閒天）說，1927年至1932年間，共有五十萬以上的共產黨員被屠殺。

## 九、國民黨內戰的合縱連橫

中國近、現代史的內戰，是自乾隆帝讓位給嘉慶帝、成爲太上皇那一年發生了白蓮教之亂以來，從教匪、會匪之亂開始內戰，經歷太平天國、辛亥革命、軍閥混戰、國共內戰一路打到文化大革命，整整一百八十年的歷史，終得鬆一口氣，若按照柏楊的看法，中國歷史可說是沒有一年不戰爭。

民國時代以外的內戰暫且不談，民國的內戰大概分成三個型態和三個時代。初期是軍閥內戰，繼之是國民黨內戰，最終才是國共內戰。從戰爭的性格來看，也就是各武裝集團間，從橫的戰爭打到縱的戰爭，也就是從下往上的階級鬥爭。

1989年天安門事件以後，中國人雖然已經改口「中國人不打中國人」，並恫嚇不是中國人或不做中國人就「打」。事實上中國有史以來，都是中國人專打中國人，連國民黨或共產黨都一樣，不但意見不合就打，

爭權奪利更打，這就是歷史。

國民黨的前身不是興中會也不是同盟會，是二次革命失敗之後，孫文以對領袖絕對服從爲黨綱的中華革命黨。這樣改組之後，那些有骨氣和自尊心的老同志，沒有一個人要加入，所以革命同盟會時代的一些舊同志和日本同志都紛紛離開，只剩下一些邊緣人或者無家可歸者加入，反正沒交黨費，也不知道黨員有幾多人？

當孫文這個龍頭去世之後，以「黨魁唯我獨尊」的革命黨組織，當然會面臨崩潰，形成多頭馬車領導的局面。雖然不合中國的傳統的唯我獨尊性格，但是這個黨的發展卻也在孫文死後越發展越大。黨雖然主導北伐，但是用利誘和勾結的手段，在爭戰中逐漸壯大，但是迅速壯大的黨，資源有限僧多粥少，一到了分配權力的時候，當然無法公平也不見得人人滿意，所以就免不了黨內內訌。

唐生智本來是湖南趙恆惕的第四團團長，1926年3月，趙被唐趕出長沙，唐求助吳佩孚，吳派兵向唐興師問罪，廣州的國民政府派李宗仁率軍入湖南救唐，並任命唐爲革命軍第八軍軍長。

在北伐期間，國民政府在漢口成立政府，廣州政府又遷到南昌，再遷到南京，以汪精衛爲首的武漢政府和南京政府開始對立，就是所謂「寧漢分裂」。武漢政府

因為廣東、上海、江蘇、南京的財源都被南京政府所奪，政府缺財，唯一辦法只有以手下的數十萬軍隊，由唐生智的長江北路軍和張發奎的南路軍，兵分二路討伐蔣介石的南京政府，當然南京也立即由軍委會組織征西軍，由李宗仁、程潛、朱培德兵分三路討伐武漢政府，唐生智軍大敗被收編，廣州軍內部張發奎和李濟琛也大打出手。

因為蔣直系的浙江不付中央國稅，卻專門徵收廣州稅金，因此李宗仁所率四十萬的第四集團軍，以廣西為據點，成立「護黨救國軍」，討伐蔣而發生蔣桂黨內內戰，李宗仁敗逃。國民黨內打打殺殺，規模最大的就是1930年的中原大戰，以閻錫山為陸海軍總司令，馮玉祥、李宗仁等五十七位將領列出蔣介石十大罪狀，率七十萬大軍討伐蔣介石，蔣也以「討伐叛變禍國殃民的閻錫山、馮玉祥」的十一大罪狀書告知全國國民，出動六十萬大軍大戰於中原地方，激戰七月，死傷三十萬人，觀望的張學良部隊被蔣軍收買，最後決定了蔣軍的勝利。

十、從一國兩府到一黨兩府三府

　　中國的「一國兩制」並不是鄧小平時代所獨創的，早在漢、晉、明，也是中央集權和分封諸王的一國兩制。在「兩岸都反對二個中國或一中一台」之下，台灣一時也不乏有人主張「一國兩府」，也就是北京政府和台北政府二府，都代表一個中國。

　　從中華民國的時代開始，除了袁世凱時代到孫文的廣州軍政府期間，大多是一國兩府，當然連國民黨內在中國都經常有兩府、三府存在。

　　孫文在廣州組了三次政府，想要代表全中國人民，可是在那麼小的南方邊境，不但同胞、同鄉鬧分裂，中國人專打中國人、國民黨專打國民黨的紛爭也不斷發生。孫文死在北京後，國民黨政府開始北伐，從廣州政府發展到武漢、南昌、南京兩個政府，依舊鬧寧漢分裂。你說我不對，我說你不正統，反正一言不合就大打出手。

　　武漢政府的財源全部被南京政府

奪取，不打就得破產倒台，武漢政府當時被廣東、四川、奉天軍閥和蔣軍四方包圍，南京政府又禁止使用武漢政府發行的貨幣，武漢政府沒辦法想要向工商界抽稅，大家都跑光了，所以不打也活不了。

北伐當時的全中國軍隊，推定大概有二百二十萬人，北伐後的國民政府歲入大約四億元，軍費就用去三億元。武漢政府的財源只約南京政府的十分之一，民國時代的軍隊打仗靠的是錢，沒錢沒仗打，價碼一高就倒戈，汪精衛在「告國民革命軍將士書」中說，蔣介石是「黨唯一的敵人，國民革命軍唯一的敵人」。

寧漢分裂後，二個政府，三個黨中央，爭得你死我活，黨軍各將領在各地打成一團，蔣被迫一時下野，和宋美齡結婚兼渡蜜月。奉天軍和山東軍就趁著國民黨內戰，攻打北京閻錫山的山西軍和馮玉祥的西北軍，在打來打去的內戰下，最後是和解為妙，大家槍口一致對外，因此蔣介石變成大家共同的敵人，才被迫下野，經過重新整合，1928年再度以北伐軍總司令身份繼續北伐。

按照《馮玉祥日記》（第二卷）指出，蔣在濟南事件後，為避免和日本衝突，兩度主張放棄北伐，將北伐任務交給馮，而回到徐州。張作霖在國民黨軍的猛攻之下，出走北京，6月3日在皇姑屯被炸死，6月4日北京

「和平維持會」請閻錫山入京，蔣在南京於1928年6月15日告全國軍民完成統一。若按照毛澤東說法，完成的這個統一，有名無實，國民黨蔣、桂、馮、閻四派代替北洋軍閥成為四大軍閥，蔣、李、馮、閻四強最後和張學良結拜為「五兄弟」。

北伐完成以後，閻錫山的北京和蔣介石的南京政府又鬧對立，國民黨內戰集團廝殺又起，中原大戰開打之後，蔣系雖然戰勝各兄弟，可是1931年5月26日胡漢民派、孫科派、西山會議派、桂派，再度在廣州總集合，召開國民黨第四次全國代表大會，成立廣州國民政府，以汪精衛為主席，指摘南京政府是「偽南京政府」，兩個政府對戰於湖南的衡陽，最後蔣、胡、汪黨三巨頭以林森為代理國民政府主席，蔣介石下野為條件，擺平對立。分分合合打打殺殺暫停後，最後還是證明了槍桿子出政權的道理。

第七章

# 國父遺毒禍害無窮

## 一、民國之父 原來如此

中國人在口頭禪上喜歡講究尊師重道，又自古以來鼓勵孝道，「國父、國母」的尊稱，語意上異於其他國家。可是被尊稱為「國父」，在台灣至少已經一甲子以上的時間，「國父孫中山先生」已經成為深深烙印在台灣歷史記憶中的文字，不容任何異議存在。

在國際上，除了台灣之外，被稱為「中國之父」的人有三人。一般來說，秦始皇被稱為「中華帝國之父」，而毛澤東則被稱為「中華人民共和國之父」。孫文被國際稱為民國「建國之父」的次數並不多，頂多被稱為「革命之父」。事實上從神話傳說的角度來看，真正的中國開國之父則是黃帝。但是他也被稱為「開國之祖」，因為「祖」字輩大於「父」字輩。

可惜的是，不論秦始皇還是毛澤東，雖然是某某「之父」，卻都是以「暴君」的形象流傳後世，反而影響

了人民對他們的尊敬和景仰，爭議性很大。而所謂「國
父孫中山先生」，雖然僅僅流行於台灣一地，但在黨化
教育的影響下，他的評價高於秦始皇和毛澤東這二位
「父」字輩。

可是，形象終歸是形象，形象是由人塑造出來的，
若讓這些人原形畢露，這些形象也只不過是歷史謊言的
泡沫而已，無法持久。現在台灣流行的「國父孫中山先
生」這種尊稱的由來，到底何時開始、因何而表？就像
「中華民國」國名一詞的由來一樣，熟知者甚少。它有
如空氣一樣，一般人在意識形態上視其爲理所當然，毫
不加考慮就照單全收，除了寫博士、碩士論文者，一般
人是懶得去探究這些歷史眞相的。

天下一統建立帝國的秦始皇是帝國之父，當然，統
一南北政府對立、建立民國的袁世凱，被稱爲「國父」
也是理所當然的。孫文雖被選爲南京的第一任臨時大總
統，可是在內鬨和時勢所逼之下，還是不得不將南京政
府拱手出賣給北京的袁世凱政府，甚至國會也一致通過
選出袁世凱爲首任中華民國大總統，連孫文都稱讚袁世
凱是「中國的華盛頓」，因此若依據史實來看，袁世凱
是「中華民國國父」應該是毫無疑義的。

孫文在二次革命失敗後，亡命日本，自創屬於個人
崇拜的中華革命黨（中國國民黨前身），所以頂多只能被

稱爲中國國民黨的「黨父」，以表敬意而已。「國父孫
中山先生」是1940年代初期，由蔣介石的重慶政府，爲
了防止汪精衛等敵對勢力贏得中國政府代表形象，所以
先下手爲強而「先馳得點」，以孫文爲「國父」，代表
「正統身份」的權宜之計。

## 二、捏造歷史　欺騙國民

我曾經有一次機會，帶了日本社運和議員團體幹部，參觀台灣的立法院。整個過程，首先是全體肅立，然後唱國歌，螢幕上播放中華民國建國的歷史影片，首先出現在影片上面的，就是「國父孫中山先生」騎著白馬、英姿煥發的指揮辛亥革命的圖片。影片放映結束之後，我問了日本參訪團的各界代表，有無發現影片中的矛盾？他們都面面相覷。我向他們解釋，武昌起義的當時，孫文根本人在美國，是看到當地報紙的報導才知道中國國內已經發生「起義」，匆匆忙忙趕回國內才進入狀況。

武昌起義後，各地局面還是一片混亂。例如武漢不久後又被清軍奪回，南京也被張勳領導的清軍攻入，然後發生了「南京大屠殺」。孫文僑稱要向歐美各國募集革命基金而繞道歐洲回國，等大勢底定的當年年底才回到中國。

孫文十次革命十次失敗，所以被

稱爲「失敗的革命英雄」。這裡面當然也有他特殊的才能，我們從他被稱爲「孫大砲」，就知道他吹噓的能力，頗能夠替革命黨人募到資金。可是孫文在辛亥當年年底，雙手空空回到中國，讓他的同志大失所望，但他卻硬拗說「帶回來了革命精神」，讓眾人譁然，「孫大砲」實在令人不敢恭維。

以上僅僅是台灣的立法機構，做爲國會對外宣傳的一個小小謊言而已。到底台灣的國會是否連歷史的謊言都搞不清楚？或者是爲了某些政治利益、說謊成性而製造僞史？這些小技巧看來似乎沒啥，但是對於瞭解中國人的外國人而言，這種小把戲實在是太看輕外國人的能力了。

台灣的歷史黨化教育，從小學、中學到大學，從頭到尾爲了應付考試而熟背三次，可是大家所受到的歷史教育，究竟是不是歷史事實？我想隨著民主社會的開放，大家都心知肚明。

清代時流行考證學，對於以前的歷史求證，其實有不小的貢獻。但是到了民國史後，簡直就成了各說各話的局面。中國人善於「編造歷史」，所謂眞正的「正史」早已消失無蹤，加上各黨各派以自己的利益爲考量來詮釋歷史，在國民黨得到天下之後，黨化教育的歷史早已成爲僞史教育的烙印。例如說到「蒙古人征服歐

洲」，就變成「我們征服歐洲」，然後變成「中國人的驕傲」。這種跟世界主流有所差異的歷史偽造，在在都顯示在國民黨黨化教育的教材中。

　　當然，孫文自小性喜吹噓，十次革命十次失敗，也是為了他自己抬高身價而已。加上模仿俄國革命後列寧所塑造的革命宣傳手法，孫文所有的革命行動，都以共產黨「重視宣傳」的方式為之，國民黨黨化教育的教材，事實上就是「孫大砲」自我宣傳所留下來的素材。

三、枉法叛國　無法無天

「馬背上取天下」是中國有史以來的國家建立原理，也可以說是「歷史法則」，最典型的例子就是歷代王朝成立的「易姓革命」傳統。「易姓革命」雖然在傳統陰陽五行或儒家「天命」的思想理論下說得天花亂墜，但是基本上，不論是商湯或是文武革命，都是「盜亦有道」的強盜理論。

「馬背上取天下」或「奪天下」，毛澤東以最通俗的言論來表現，就是「槍桿子出政權」，然後再經由特殊的共產黨包裝術，將這種搶天下的行為美化為「革命無罪、造反有理」，實際上都只是強盜天下的土匪德性。

遠的不說，十八世紀末的白蓮教亂和太平天國、捻匪、回亂等等武裝叛變行為，在此種歷史觀的詮釋下，也都變成「造反有理」。孫文從「惠州起義」到「黃花岡之役」這些恐怖行動，當然也是「革命無罪」。

　　既然已經建立民國了，不論是「禮讓」或「禪讓」南京臨時政府給北京袁世凱政府，即使萬般不願意、心有不甘，有新的「民國」成立下，也不能目無法紀，所謂「惡法亦法」也是近代法治國家不得已的指標精神之一。

　　孫文既然無能力經營民國，不得不將自己的理想寄託在袁世凱身上。袁氏不能滿足他的期待，所以他又搞了二次革命，革命不成，還是步上亡命海外的老路。孫文逃亡日本後，反而在雲南興起了討袁革命，在梁啓超等立憲派人士和蔡鍔等人的帶領之下，輕易達成倒袁的目的，搶了孫文的風頭。

　　孫文藏匿在日本，過著孔祥熙口中「皇帝般的生活」，經過日本記者一問，才驚覺到倒袁革命竟然成功了，自己竟然是狀況外，風頭被蔡鍔這些「年輕小伙子」搶光光，北京政府也被段祺瑞、馮國璋這些有勢力的軍人所掌控，自己完全被排除在外，心中的不甘和惱怒可想而知。

　　一不做二不休，孫文不得不以反北洋政府的名義，再度用「革命」當招牌，來進行叛亂恐怖行動，煽動不滿北京政府的政治勢力南下，自立廣州軍政府，自稱大元帥，企圖搞個「一國兩府」來自命中央。孫文的個性偏執乖戾，只要不願聽任他擺佈的任何人，必定和他反

目成仇，所以孫文所到之處，必定內訌內亂，百姓必定
遭殃。

孫文三組廣州軍政府，廣東老鄉三度遭殃，既然
「易姓革命」是春秋大義，當然孫文「致力國民革命凡
四十年」，也是革命大義，毛澤東的「俺革命造反凡
六十年」也是搞孫文這套「革命無罪、造反有理」的強
盜包裝。革命與法治，猶如「漢賊不兩立」一樣，是不
能並存共榮的。歐美先進國家的正義、伊斯蘭的大正和
東洋人的道義，一旦發生文化的摩擦或文明的衝突，必
將天下大亂而世無寧日。

## 四、亂立政府　挑起內戰

中國人的天下（世界）觀，是「天無二日、地無二王」的原則，這僅僅是原則或理想而已。在史實上也無法維持這個原則，不但有春秋的五霸，還有戰國的七雄，後接三國並立、五胡十六國、魏晉南北朝再加五代十國。

雖然司馬光的《資治通鑑》還是堅持「地無二王」的正統原則，但是劉知幾（661～721）的《史通》卻認同史實，至少描寫「一治一亂」的歷史，就已經揭穿了「天無二日、地無二王」的虛幻性。

中華民國政府一致反對兩個中國，但自鄧小平的「一國兩制」以後，還是又來一套「一國兩府」（一個中國各自表述）。事實上，「一國兩府」是辛亥革命以後，孫文所創的花招之一，竟然有模有樣被他的徒子徒孫沿用了將近百年。

辛亥革命以後，南方人另立南京臨時政府來對抗北京政府。自此孫文

食髓知味，既然中國要革命，就要捨棄「天無二日」的傳統，你有北京政府，我就來個廣州軍政府，「代表民意」來跟你硬槓到底。孫文性喜另立政府，此例一開，風行草偃，各大軍閥勢力也有樣學樣，讓中國亂成一團，戰禍連連。

當時中國各地的內戰，基本上分為三個時期，從最初的南北各地軍閥的內戰，漸漸進入聯省自治派和統派的統獨內戰。當然，北洋各派軍閥在北京政府地盤中四處爭奪作亂，南方的廣州軍政府內部也是雞飛狗跳，幾乎可以稱為「國民黨內的內戰」，最後才轉而發展為國共內戰。

蔣介石率軍北伐以後，國民黨內誰也不服誰，既然你有政府，我也要來個政府，所以政府對立互槓的情況不斷發生，武漢政府和南京政府的對立，也就是眾所周知的「寧漢分裂」，南京政府和北京政府的對立所引起的國民黨內戰，則演變成慘烈的中原大戰，死傷規模創下民國成立後的最高紀錄。擁蔣軍隊和反蔣的閻錫山、馮玉祥、李宗仁各派各系的軍隊，決戰於中原，總共動員了將近一百五十萬大軍，死亡三十萬人，不只南京政府和北京政府爭得你死我活，南京政府和廣州政府也同時展開殊死戰，簡直是天下大亂。然後參雜了共產黨在一旁搧風點火，成立了蘇維埃政府，和國民黨展開全面

內戰。

八年中日作戰，雖然國共名義上共同抗日，事實上在中國各地依然呈現「一國多府」的狀態。包括依靠日本的南京政府、依靠美國的重慶政府，和依靠蘇聯的延安政府，三股勢力鼎立，不對外打仗反而內訌不斷，簡直是現代版的「三國演義」。當年孫文雖然高唱「以建民國、以進大同」，可是到頭來還是重演五代十國的內亂，始作俑者非孫文莫屬。

## 五、勾心鬥角 謀殺同志

「風蕭蕭兮易水寒，壯士一去不復返」，這是荊軻刺秦王政前夕的動人詩篇，司馬遷的《史記》〈刺客列傳〉有動人的描述。中國的暗殺手段，自古已有，並非「國父孫中山」獨得真傳。

孫文出身幫會，自從創設「支那暗殺團」以來，以「特務制度」掌控黨內，暗殺政敵、政府官員的「革命手段」毫不手軟，但是卻被日本黑龍會的內田良一看破手腳。因為內田良一主張要達成革命，必須要先對付李鴻章、張之洞和劉坤一等進步官員，但是孫文卻膽怯而裹足不前。

孫文內鬥內行、外鬥外行，所以常常殘殺黨內同志與政敵。曾經參加過辛亥革命的日本超國家主義代表性人物北一輝，就在他所寫的《支那革命外史》中，懷疑暗殺宋教仁的幕後主腦，應該是孫文本人。

孫文自革命同會成立以來，廣東幫的興中會和浙江幫的光復會、湖南

幫的華興會意見分歧，特別是革命資金的濫用盜用，被陶成章、章炳麟等人對外爆料，孫文對陶、章二人恨之入骨。所以，在辛亥革命之後，孫文就指派蔣介石到上海租界醫院裡面，槍殺陶成章洩恨，然後蔣介石遠走高飛，逃亡日本。

本來興中會是廣東的黑幫組織，孫文加入廣東黑幫組織後，又勾搭了上海黑幫的陳其美，如虎添翼，立刻另立門戶、排除異己，以黑幫的組織方式成立中華革命黨，這就是國民黨的原胎。所以革命同盟會時代的黃興、章炳麟以及日本支那革命志士，都紛紛拂袖而去，中華革命黨終於成為絕對服從總理權威的恐怖組織和幫會。

孫文為了叛離民國、另立門戶，開始向周圍下手，清除異己，其中有率艦護送孫文到廣州樹立軍政府的海軍總長程璧光，甚至連滇軍師長方聲濤也遭孫文下毒手。

後來，孫文又企圖暗殺聯省自治派的地方軍頭陳炯明，以實現「乞丐趕廟公」的大夢，反而被陳炯明轟出廣州，還自稱「陳炯明叛變」，簡直是顛倒是非，牛頭不對馬嘴。

所以，近代特務制度及暗殺手段的始作俑者，也是孫文。蔣介石父子不但獨得孫文真傳，也青出於藍。蔣

介石的特務組織，本來由陳其美後裔陳立夫、陳果夫兄弟的ＣＣ派掌控，但是又學孫文的手段搞「自相殘殺」，用黃埔同學會爲基礎成立「復興社」（藍衣社）等法西斯組織，還有在七年內從千人發展到百萬人規模的「三民主義青年團」，在黨內又有中統、軍統內鬥，讓蔣介石悠遊於內鬥中而鞏固權力。蔣經國長江後浪推前浪，在他手下統一了國民黨的特務組織，在台灣以白色恐怖手段成立了蔣家天下。

六、白色恐怖　荼毒民眾

中國的獨裁專制體制，並不是自古有之，例如唐朝貴族分治時代的政治機構中，有中書、門下、尚書三省的機能，有如今日的三權分立。李家僅僅是有力貴族之一，天子受到其它貴族的牽制，無法獨裁專制。

中國的獨裁專制制度，是從宋代以後，科舉普及，讓由上而下的官僚制度確立以後才開始。

大明雖然號稱「大」明，實質上是中國最黑暗的時代。洪武帝開國以後的錦衣衛、東廠、西廠、內行省是眾所周知的特務組織。明朝的特務治國成為統治的原理，所以最後眾叛親離。末代崇禎皇帝不願成為亡國之君，事實上也不是昏庸之君，他被流寇所滅，只能譴責滿朝都是「亡國之臣」，無力回天。

明朝近三百年特務橫行的恐怖統治，不過也僅限於宮廷之內而已。

到了二十世紀，首創黑道治國和

特務治國的是孫文。因為清末政治人物的出身背景多不同，在台灣受過黨化教育的國民，大都對孫文的黨以外各派各系的政敵印象不好。可是，如果受黨化教育影響較少的學者專家或文化界人士，對清末民初的黨政軍人的形象，評價就大不相同。

當然，民初的軍閥也有馬卒出身，被譏為目不識丁的曹錕之流者，事實上，維新、立憲派的政治人物，大多是科舉出身的知識份子，軍閥頭目也有不少是留學日本陸軍士官學校的精英。當時日本的陸士和黃埔軍校不同，陸士是集合日本人中的精英人才培育所。而黃埔軍校的構成者，多數是類似孫文早期帶領的綠林黑幫會黨份子，假革命之名行魚肉鄉民之實，所以才會被萬民唾棄，黃埔精神成為笑柄。

蔣家政權也有樣學樣，於1949年國共內戰敗逃台灣後，以台灣為基地，重組「復興基地、自由中國」，施行殖民統治，假反攻之名行白色恐怖高壓統治之實，完全是孫文廣東軍政府「乞丐趕廟公」的翻版，而蔣介石的二二八大屠殺，也絲毫不遜色於孫文廣東軍政府的廣州大屠殺。

## 七、以黨治國　目無黨國

記得小學時的校訓，又是「禮義廉恥」，又是「天下為公」，似乎國民黨黨化教育教小孩子從小就要「為公」不要「為私」。

為什麼「為公」要從小教，因為中國人的社會，即使是建立了社會主義國家體制，又設立了人民公社，一天到晚講「為人民服務」，到頭來還是回到「天下為私」，雖然高掛「有中國特色的社會主義」，實際上還是「權貴資本主義」。

中國歷朝的「家天下」，來自易姓革命的原理。如宋元明清，不僅易姓，也華夷交替，是易族革命。

有人稱中國為「家產國家」，國家是屬於一家一族的私有財產，民國或共和國以後的中國，和以前的中國大不同，以否定「家產國家」的制度為號召，所以處處強調「天下為公」「社會平等」。

當然，一家一族的天下是自古以來的文化傳統，要「天下為公」談何

容易？以黨治國在台灣變成「黨庫通國庫」「黨國體制」的形象，但是近代的政黨議會制度，當然離不開以黨治國，只是政權一到國民黨手中，政黨政治馬上就變了樣。

孫文出身幫會，可是廣東人的性格遇到了強悍又固執的湖南人與浙江人，共同組合革命同盟會，雖然有共同驅逐韃虜的理想，但是革命者個性強烈加上語言不通，往往意見不合就鬧翻，到頭來還是分道揚鑣。

孫文自此有了中國人難以相處的認知，所以組織中華革命黨，強調唯我獨尊偶像崇拜，因為孫文認為人可分成三等人，他是最上等先知，其他人都是下等，所以大家要服從他這個先知。

就孫文思想來看，黨即是國，國即是黨，即使已有政黨的屬性，還是具有孫文式的黑幫性格。所以中華革命黨就是個黑幫組織式的恐怖暴力組織，當然以黨治國是孫文的政治理想，當他走投無路不得不投共以後，更加沉醉在馬列主義的一黨專政上面，並指出只有馬列的人民民主專政才是最新的共和國體制，美、法都是老體制。可見得蔣家政權以孫文傳人自封，也以這種一黨專政為主體，所以「黨庫通國庫」的一黨治國，其實也跟毛澤東的人民民主專政，沒有什麼兩樣，都是黑道毛賊的家產國家的變形而已。

## 八、獨裁專橫　我行我素

幾乎所有中國民運人士都認為將來中國可以成為民主國家，所以有可能有希望，才能醉心於民運。我當然並不認同，本來民主政治是「小國的原理」，古代希臘的城邦、中世的地中海北岸城邦，大都根據這個小國原理所存在。即使連中國的戰國七雄，也都能容忍「百家爭鳴、百花齊放」的民主道理。基本上國小才能民主。

有時我會對民運人士提出，只要中國繼續維持現狀，不會有民主的未來。這並不是什麼潑冷水的思考，而是我冷靜觀察人類史而得到的結論。

人類的進步發展並不一定是從專制獨裁進步到民主政體。例如古代羅馬帝國是從共和發展到帝制，當時羅馬的皇帝也僅是元老院的代表之一，有如中國唐代的天子並不一定能像明代洪武帝一樣總攬所有權力。

俄帝國的沙皇、中國的皇帝、日本的天皇在權力、權威的結構上是不同的，這在德國哲學家黑格爾對中國

「一君萬民」的政治結構上有明確的分析。

有一點是所有民主人士所無法解答的，中國的專制獨裁是隨著歷史發展而進步，如何從進化論的論點來觀察分析？這一世紀以來最明確的政治制度發展，至少辛亥革命後一百年來，中國是從袁世凱時代的國會爭執，越來越「進步」到「人民專政」，然後「進步」到黨政軍一人獨攬大權的具有中國特色的社會主義制度，「日本能、台灣能，爲何中國不能？」這個看法的證據，只有未來能夠解答。

中國的獨裁專制源自中華帝國的「一君萬民」文化傳統，也是國家型態在結構上的宿命。

中華民國自辛亥革命後，「中華民國在中國」近四十年，「中華民國在台灣」六十年，在中國與在台灣的這二個「中華民國」，在國家的時空中，有不同的處境，不同的性格，不同的政治環境發展，也有不同的結果。中國不受「國父遺毒」的影響，這可能是關鍵之一。

台灣的政治發展，如果和日韓的變化類推，中國的傳統加上「國父遺毒」影響最深，如有興趣可以去多讀興中會、革命同盟會到中華革命黨的歷史，和中華民國臨時政府、廣東軍政府的孫文言行，多少都能瞭解黨國體制發展的因果關係。

　　孫文所插手的政團或政府必定不歡而散，大都因為孫文喜當幫會龍頭的性格。革命同盟會瓦解的理由很多，主要的還是來自孫文的剛愎自負，使革命同志無法相處。當二次革命失敗，孫文不得不亡命日本，重組革命黨後，又固執於「服從領袖」這樣的黨規，同志更是鳥獸散，剩下烏合之眾。在沒有顧忌的情況下，孫文執拗的發揮他的獨裁本色，固執地要以「軍政」「訓政」「憲政」來立國，可是當這些理念都落得眾叛親離的下場，孫文只能投共取暖，他固執到曾經明示，即使只剩下他一人，也要解散國民黨去投共！這正凸顯他唯我獨尊的性格本質。從民國以來，孫文反對議會，因他認為會產生「議會獨裁」（宋教仁坐大），這種孫文專橫的遺毒，也一直被國民黨來台灣後的徒子徒孫們奉為圭臬，模仿循行。

## 九、思想渾沌 語無倫次

以前大學聯考，三民主義是重頭戲，背書能力要很強才能得到高分，可是三民主義這科目成績好的人，在台灣社會並不一定能夠獲得好名聲。

中國自從秦始皇統一天下以來，「百家爭鳴、百花齊放」的民主時代已經過去，因為統治者認為此必作亂，所以不惜焚書坑儒，以求天下定於一尊。而台灣黨國時代獨尊三民主義，中國也獨尊馬列主義，甚至毛澤東利用「百家爭鳴、百花齊放」來「引蛇出洞」，一舉瓦解反革命份子，讓文革時代的《毛語錄》成為全球僅次於聖經、印刷數量第二高的書，中國人的洗腦革命，實在恐怖。

當然，孫文思想和毛澤東思想格局不同，影響也不同。毛思想曾經成為「世界革命、解放人類」的意識形態而受到各國左派知識份子的崇拜，而孫文思想僅侷限於台灣的青年學子，在思想上沒有這種世界規格級的市場賣相。

　　我在日本近半個世紀，在文化界、言論界的人士中，從來沒有碰到一位知道「三民主義」「孫文思想」的學者專家，連知名的中國專家學者，特別是對中國哲學史和思想史有深刻研究的一流學者，也沒聽說過這些東西。這些中國被拋棄的邊緣理論，卻被國民黨整套帶來台灣當統治術，將其聖經化，五權憲法也搖身一變成為黨國統治台灣的體制，六十年之後，在台灣的思想或精神史上，孫文對台灣最大的遺毒，莫過於這套三民主義教材。

　　孫文自稱三民主義來自中國固有思想、西洋學說和自己獨獲創見，當然，孫文「致力國民革命凡四十年」，三民主義、五權憲法也是他思想的結晶。唯一令人不敢恭維的是，整個三民主義理論，缺乏一貫性，處處自相矛盾，幾乎台灣出生、在歐美日學習社會科學的學者都有同感。

　　所以只要一出國門，台灣莘莘學子們就會眼界大開，發覺三民主義實際上是難登大雅之堂的「雜菜麵」主義，國際間對其毫無好評。

　　孫文的整體思想體系和國家觀並不明確，所以東拼西湊、雜亂無章。例如大家在起立唱國歌時，唱到最後「以建民國，以進大同」是最具代表性的思想矛盾。民國的國家理想當然是以民為主的國民國家，並不是追求

一元化價值觀的世界，而是認同多元性價值的存在，所謂「和而不同」。而追求集體主義的「大同世界」，讓所有人「和而求同」，變成行屍走肉的空心人，這種大同世界怎麼可能會是進步的國民國家？國民國家應該追求「大異世界」才對吧？

日本知名的中國學者竹內好批評三民主義充滿矛盾，尤其是思想家大川周明更將三民主義批評得體無完膚、一文不值。中國共產黨初期領導人之一的瞿秋白指出，三民主義是一派胡言，所以紅軍的「國民黨四字經」就有「三民主義，胡說狗屁」的詞句，傳唱一時。

到頭來由孫文徒子徒孫黨棍所推銷的三民主義哲學的圖書，頂多由文獻委員會以補助款推銷給小學生閱讀之外，應該乏人問津。

總之，三民主義不但一文不值，更不符合時宜，誤人子弟，貽笑後世。今日三權分立已經成為世界政治主流，哪來五權憲法？其思想之渾沌，嚴重禍害台灣一甲子，國民黨從黑道治國、一黨專制，讓台灣成為思想渾沌的現代面貌，這些都是「國父遺毒」。

## 十、選舉暴力　有樣學樣

台灣每年都有選舉。在中國的國政選舉，自辛亥革命後，曾經有過一次國會選舉。人民共和國以前，也有一次國民黨所強行舉辦的單獨選舉。可是到了台灣，這些選出來的人就變成「老賊」。當然，地方選舉常常舉行，例如湖南省的聯省自治派曾經有過公投制定湖南憲法的例子，而蒙古獨立建國也經過公投。

本來，「選舉」一詞來自漢代由上而下的選賢與能。由下而上的選舉制度，在古代或中世紀的城邦國家已經有古老的經驗，近代國民國家的普選已經成爲確認民意的制度，連北朝鮮父子傳位的國家，也常常以「超高得票、投票率」讓全世界譁然。

辛亥革命以後，中國各省也競相選出代表組成國會，中國人多口雜，所以國會議員的普選並不容易，所以談到選賢與能，花樣百出，行爲怪誕，故事多如牛毛，在此暫時不提。

民初的國會是宋教仁主導的，早

在革命同盟會時代，宋教仁對革命的手段見解就和孫文對立。孫的專橫獨裁，宋教仁難以認同，詳情可見於《宋教仁日記》。北一輝在《支那革命外史》論證，暗殺宋教仁的幕後黑手是孫文，北一輝和二人都有深入交往，瞭解孫文的脾氣，以及宋教仁的處境。

孫文主張民權主義，因他自認為是先知先覺，要施行民主憲政，需要「軍政」「訓政」「憲政」三個階段，以教育後知後覺的愚民，始得避免產生愚劣議員，造成議會獨裁（事實上是嫉妒宋教仁在議會的志得意滿），所以孫文只當大元帥，不當大總統，在孫文眼中，人民是無知的，必要以黨治國，也要人治而非法治。

孫毛二人對中國的看法和統治法有共同之處，孫認為民初至廣州政府時代是過渡期，必須軍政。國民是無知愚民，不能選舉，應該人治，毛也是一樣的看法，他認為要實現共產主義，必須經過漫長的社會主義過渡期，必須由黨來統合領導，不僅毛，幾乎所有的中國共產黨領導人都不允許普選，因為「還沒有過渡完成」，何時過渡完成，由領導人來決定，這是辛亥革命後中國走不出獨裁專制的關鍵。

可是民國既已成立，孫文卻當不了大元帥，經過二次、三次革命後，孫文已經成為政治邊緣人物，不得不以張勳復辟的藉口往南方邊境另組政府，誘騙九十一位

國會議員（國會議員共八百七十人，出席廣州「非常國會」的議員五十六人，不到十分之一）非法選出孫文爲大元帥。事實上張勳復辟幾天就消止了，孫文硬拗要另立中央，叛亂之心遠較張勳險惡，應該早已是「革命有罪」。

　　孫文稱自己爲「眞共和」，其他都是「假共和」，「要根除假共和，始能實現眞共和」。1921年廣東軍政府成立時，不但西南各地軍閥勢力反對，連國民黨內的陳炯明、蔣介石甚至吳稚暉也反對，但是孫文利用華僑心腹假造民意，再以暴徒圍殺、撲滅反對選舉的議員，並以黑道、暴力來威脅反對者生命。

　　如今台灣選舉文化，例如假造民意調查、黑道威脅、金錢誘惑等種種花招，其實也是來自這些「國父遺毒」。

# 第八章

# 紅色中國出了個毛澤東

一、褒貶毀譽最極端的近代史人物

「殺朱拔毛」「朱毛匪黨」這些用語，是白色恐怖時代，蔣家政權賦予中國共產黨領導人的用語，那個「反共抗俄」「反共必勝建國必成」的標語時代，「朱毛」（朱德、毛澤東）是萬惡不赦的大魔頭。

毛澤東在「革命成功」之前，並不是默默無聞之輩，但在國民黨人眼中，他的能力並不在朱德之上。可是在二次世界大戰後到文革終結的數十年間，中國在近現代史上，沒有任何人比得過毛澤東對中國的影響要來得深，即使孫文、蔣介石也無法比擬，甚至在歷史人物中，連漢武帝、唐太宗都無法和毛相提並論。但是，毛的毀譽也是異常極端的。

例如以《紅星照耀中國》（*Red Star Over China*）一書知名的美國左派記者艾得加斯諾（Edgar Snow）在他另一本著作《今日中國》（*Red China Today: The Other Side of the River*）一書中，形容毛澤東「不但是黨首，對中

國人來說，也是純粹的教師、政治家、戰略家和哲學家、桂冠詩人，國民英雄、父執輩家長，而且是歷史上最偉大、解放所有一切的偉人」。

「對中國人來說，毛澤東是孔子、老子、盧梭、馬克思再加上佛陀釋迦的綜合存在。」1971年10月，訪問中國的非洲衣索匹亞國王海爾塞拉西一世（Haile Selassie I）如此形容毛澤東。

「在今日，如果不提到偉大領導人毛澤東，任何人都無法談及中國，凡是毛澤東主席的生涯，就新中國的歷史，以個人來說，對這個國家能有如此深厚的影響，頗爲罕見。」（韓素英著《早晨的洪流：毛澤東與中國革命》）前者是西方左派文人稱讚超人毛澤東的論述，後者則是非洲最古老國家國王口中的毛澤東，和對中國革命的讚詞。

希特勒、墨索里尼早已作古，史達林和戴高樂、甚至蔣介石、佛朗哥也已經遠去，二十世紀最後的歷史巨人毛澤東，當然也已不在，退出歷史舞台，所以毛應該是二次大戰之後所留下的最後歷史巨人。唯一有哲學思想、又能吟詠詩詞、還有自己的一套毛澤東思想，自認爲發展馬列主義理論的守護神，更是史上無雙的強人獨裁者。

可是毛最親密的戰友林彪，在「五七一工程紀要」

中說他是現代的秦始皇、懷疑狂、虐待狂。毛的老對手張國燾在《我的回憶》中說「毛澤東是曹操，只能領導人，不能被領導」。另一位毛的政敵王明也說毛是「治世的能臣，亂世的奸雄」。

毛澤東確實是中國近代史上巨人，也是毀譽參半的獨夫。毛對自己也很真實地評價，他曾對阿爾巴尼亞軍事代表團說：「很多人說中國人是愛好和平的民族（孫文也如此說），那都是在說謊，事實上最愛好戰爭的民族，這邊的我就是代表。」從毛的自白來看，他在中國人梟雄中還算是蠻真實的一位。

毛澤東的自我解剖，可從「沁園春」這首詞看出來他的雄心。他認為自古以來的英雄，都是殺伐之輩，能像他這樣除了殺伐之外還能舞文弄墨的天才，根本世間僅有。

二、毛澤東的造神運動

按照拿破崙的自白，「余之權力來自余之名譽，余之名譽來自余之勝利，余以權力爲基礎，若不加上新的名譽或勝利，馬上就會墜落，征服實現了余的現有，只有不斷征服，才能讓余存在。」

比歐洲面積更大、人口更多的中國，毛澤東以革命領導人想要支配、統治八億人民，談何容易？要統治面積巨大的中國，當然要有如拿破崙一般的權力，還要有以其爲基礎的名聲。毛澤東的革命領導者名聲，來自於他戰無不勝、擊敗了所有黨內外的挑戰者，更殺害了所有政敵，征服了所有反對他的任何人，然後長期統治多達八億以上的人民，維持他的絕對權力。毛的權力是絕對的，而八億的人民對毛的崇拜，更是穩固深厚，那是因爲八億中國人已經「毛澤東化」，同時也是毛澤東造神運動的成果。

毛澤東的造神運動就如國民黨在

台灣神化孫文、蔣介石，手法大致相同，只不過孫蔣僅是在一個小島上被神格化，而毛澤東的造神不只風靡八億中國人，還遠播到第三世界，甚至在歐美左派知識份子間也如同教主一般，這是歷史的新紀錄，由此更加強也提高了毛的威權，更鞏固他的權力。毛曾經說過，赫魯雪夫的失敗原因，就在於他不知道運用個人崇拜所致。

個人崇拜，可以說是操控、收攬人心的極致，由於領導人的神格化，更能夠掌握人心，透過對神的崇拜熱情來引起狂熱，才能自在地操控人心，讓崇拜宗教化。

希特勒的個人崇拜來自心理暴力所得來的個人魅力，史達林是以物理的恐怖心態來維持個人崇拜。可是毛澤東不同，純粹的個人崇拜是由類似宗教層次的塑造而成，這通常要借重於數量龐大的愚民才能達成。

毛的神格化運動是使用他的統治權力，和毛澤東思想的權威雙管齊下而來，毛的個人崇拜早在延安時代，利用整風運動所塑造成功的。1945年的七全大會由黨規約明記，而在黨內被承認。毛的神格化，是透過肅清運動以及毛澤東化的學習運動來達成的。

毛的神格化運動到了文化大革命時代更加推廣到全國，如1965年7月14日的「解放軍報」社論所指出的：「政治優先就是毛澤東思想優先，以毛澤東思想來武裝

和戰鬥黨的思想，毛澤東思想優先指揮所有工作。」
1965年底，「人民日報」開始煽動人民對毛澤東的崇
拜，「人民的任務是讀毛主席的書，聽毛主席的話，做
毛主席所指示的事，成為毛主席的士兵。」「偉大的領
導人毛澤東是七億人民心中的太陽，同時也是全世界革
命人民心中的太陽，毛澤東思想不僅是中國革命的百科
全書，同時也是世界革命的百科全書。」讚美紅太陽戲
劇的《東方紅》，不但風行全中國，也透過人造衛星傳
播全世界。連核試成功都是因為學習毛澤東思想的成
果，毛思想不但能治癒精神病，盲人摸到毛的肖像也能
馬上恢復視覺，林彪說：「毛主席的話，一句一句是真
理，一句敵萬句。」「中國人民把握毛澤東思想，中
國就能興起，世界無敵」。《毛語錄》成為中國人必
讀的聖經，發行了三億五千萬本，《毛澤東選輯》共
八千六百四十萬部，從文革開始到1967年，光送到海外
的就有各國語譯的《毛語錄》四億本，毛澤東著作，
1966年以後的三年間就有三十一億多本發行，毛的肖像
超過十億幅，毛的神格化採用傳統的人海戰術。

　　毛的故鄉韶山也因此一躍成為聖地，到此一遊的聖
徒數量，超過了基督教的聖地耶路撒冷，和回教的麥
加。至此，毛思想不僅能解決所有問題，也在醫學上發
揮了無限的神通。

三、毛澤東的豹變與出山

斯諾的《紅星照耀中國》書中指出，毛澤東自己說，在新民學會時代（1918年，24歲）前後，他的思想屬於自由主義、民主主義的改良主義，對空想的社會主義抱持很大的熱情，而反封建、反軍閥和反帝制則是一直以來的堅持。

1920年代是中國聯省自治運動的巔峰，辛亥革命的發祥地湖南地方甚至舉辦公民投票，制定湖南憲法，後來更發生了湖南湖北的獨派（聯省自治派）和統派的統獨大戰。

在1921年7月，毛參加中國共產黨創黨大會之前，還是馬克思主義者，還很熱心於主張湖南獨立。毛和他的友人何叔衡以湖南（長沙）代表的身份，到上海參加黨的創黨大會，時年二十九歲。一年前，毛曾投書長沙大公報，主張湖南的分離獨立。

根據毛的主張，湖南三千萬人的每一個人都必須覺醒，找出第二條路，最後留下一條路就是湖南人的自

決自治，湖南人必須在湖南之地建設「湖南共和國」，甚至反對「大中華民國」，主張各省各自分離獨立，各自努力建設，實行各省自決之義，二十二省、三特區、二藩屬地共二十七地方分成二十七個獨立國家最理想。

（王無爲《湖南自治運動史》）

　　毛澤東由土獨、土共豹變成爲馬列主義思想的最高指導者，當然是歷盡滄桑、吃盡苦頭，他的強勁生命力體現在他力鬥群雄，用盡政治厚黑學原理殘殺踐踏政敵，歷經五十年風霜歲月，最後僅有他一個人存活下來，政敵全部清空，他的成功並不是偶然，而是他有特殊的意志力，和他長壽的生命力也有些關係。

　　1973年8月24日中共十全大會，由周恩來進行政治報告，引用恩格斯的無產階級理論發展指出，半世紀中「我黨有十次的路線鬥爭」，並且預言黨內的兩個路線鬥爭將長期存在，今後可能有十次、二十次、三十次的鬥爭，而像林彪、王明、劉少奇、彭德懷、高崗那樣的人物還會不斷出現，這並不是眾人意志就可以左右的。

　　毛澤東在黨內十次鬥爭中，確立了他不動如山的地位，大概可以分成三期：

　　1.建立個人勢力（1921年9月～1935年1月遵義會議）

　　2.樹立軍事權力的時代（1935年1月～1945年5月的七全大會）

### 3.確立絕對權力的時代（1945年5月～1976年5月逝世）

中國共產黨的權力鬥爭史，背後有第三國際的存在，一直到1943年第三國際解散為止，黨的指導權問題一直受到第三國際左右。

毛樹立黨內的指導權，通常在第三國際的三角關係中抗爭，和馬列主義的中國化一起成長。毛在遵義會議確立軍權以前，是在第三國際的指導之下默默耕耘地方勢力，直到掌握軍權以後，才改變一直以來的黨指揮槍，改成槍指揮黨，並乘著張國燾的軍事失敗，打倒創黨以來最大的對手，並肅清第二次王明路線的鬥爭，在七全大會後確立了毛的權力，也強化了他的權威。

四、第一次國共內戰始末

民國內戰按照歷史劃分，可分為南北軍閥內戰、國民黨內戰和國共內戰三期，這三期內戰中，到底何者最激烈，很難求證。如果按照斯諾的說法，國民黨內戰七年傷亡達三千萬人，斯諾的數字資料來自知名的作家林語堂，林語堂從何處得到此數據則不得而知。

在共產黨內部充滿矛盾的時代，國共合作到了武漢政府時代，對立越來越大，蔣介石的南京政府乾脆清除共產黨員，進行清黨。

當然，共產黨是為了「世界革命、解放人類」的理想奮鬥，開始武裝暴動是在國民黨寧漢分裂後，共產黨也沾染了中國政治人物喜歡「另立中央、自命正統」的一國兩府習氣，所以也到處樹立蘇維埃政府，而共黨內部也是內訌不斷，大家都搶正統，都說自己是中央，熱鬧哄哄，要打就打。

若按照中共的史觀，自1927年8

月「南昌起義」到1937年7月蘆溝橋事變這十年間，稱爲「第二次國內革命戰爭時期」，這十年間是從1924年1927年所謂「第一次國共合作」破裂之後，開始分裂，共產黨當時稱國民黨爲「帝國主義的爪牙」。

國共分裂後，共產黨在各地建設解放區，設立紅軍，開始武力鬥爭。自南昌秋收暴動後，中共在1930年代初期，以毛澤東、朱德等的瑞金中央蘇維埃爲中心，十三省十五處解放區，擁有紅軍六萬人。

蔣介石和國民黨內的反蔣勢力內戰，奪權成功之後，百萬大軍從1930年12月到1933年10月共有五次剿共，在第五次蔣介石百萬大軍傾巢而出地圍攻之下，1934年10月瑞金紅軍不得不放棄解放區，在轟炸、砲擊和追擊下，共軍繞道西南邊境一萬二千里逃往陝西延安，史稱「長征」，國民黨稱其爲「大流竄」。

逃出瑞金後的紅軍，1935年1月5日佔領貴州遵義，毛利用各將領的不滿，召開中央政治局的擴大會議，秦邦憲取代了張聞天成爲中央總書記，毛澤東成爲黨中央軍事委員會主席，在紅軍大逃亡的過程中，毛開始以軍指揮黨。

毛雖然在遵義會議後取得了軍權，可是紅軍逃出瑞金時，雖然號稱十萬大軍，可是到了遵義會議時僅剩下三萬人，到了四川西部的懋功和張國燾的第四方面軍四

萬五千人合流時，剩下殘兵敗將不到一萬。毛所取得的軍權，近似軍事政變，沒有做掉長老張國燾無法得勢，毛張兩軍合流有如「鴻門宴」，後來經過第三國際代表張浩（林育英，林彪叔父）的調停，兩個黨中央改成西北局和西南局，張國燾未經確認調停就自動解散黨中央改組成西南局，到了延安才知道所謂第三國際調停案原來是毛所設計的奪權騙局，軍權早已掌握在毛手中。

## 五、毛、周大決戰的雙贏

到了中華人民共和國時期，周恩來成為人民共和國、甚至中國有史以來一人之下、萬人之上的名宰相，有時候聲望甚至高於毛。事實上，周恩來有特殊的處世哲學，就是他一直避免使自己成為第二號人物，而要常扮演老三、老四的角色。因為中國的權力遊戲，第二號人物如劉少奇、林彪，通常都不得善終，周恩來到了死後，由於毛澤東御醫李志綏的回憶錄揭露，才知道周恩來是徹頭徹尾毛澤東豢養的奴隸，後來的聲勢才大幅滑落，今非昔比。

可是在中共黨史上初期，周並不在毛之下，對於毛澤東來說，周恩來是個不得不帶在身邊、不可或缺的軍師角色，但是也必須隨時警戒周這個變色龍，若按厚黑史觀來看，周是近代中國厚的代表人物！初期周是八面玲瓏，顯然讓毛不得不用他，而毛是屬於曹操型的黑的代表人物，有如諸葛亮頂多擔任個軍師的角色，但周恩

來還是得屈居在毛之下，成為專事逢迎拍馬的奴隸。

在中共史上，周雖然不如毛即時參加1921年的創黨大會，可是周自1924年由歐洲勤工儉學回國後到廣州，馬上當了中國共產黨廣東地區的委員會軍事部長，以及黃埔軍校政治部副主任，不久成為主任。1926年8月，中共黨中央新設軍事部，張國燾成為初代部長，不久周恩來就接任，一直到1935年1月遵義會議為止，掌握黨中央軍權八年的周恩來，被稱為紅軍之父。

1924年1月國共合作後，毛的黨內地位就不在周之下了，可是1927年5月的五全大會後，周被選為中央委員，也成為新設立的政治局委員，可是黨首陳獨秀不喜歡毛，毛僅是候補中央委員而已。

1927年7月，國共合作告終，創黨以來的黨首陳獨秀辭掉了總書記，一直到1935年1月為止，黨的領導者包括蘇兆徵、瞿秋白、陳紹禹（王明）、秦邦憲（博古）、向忠發等相繼當了總書記，軍隊和特務的實權則掌握在周恩來手上，那個時代，有人稱之為「周恩來時代」。

1927年8月南昌暴動失敗後，中共中央改組遷到上海，領導群被批鬥，毛也被剝奪候補政治局局委資格，被批判為「逃跑主義」、「機會主義」、「槍桿主義」，失敗的元兇周恩來立刻自我批判過關，重回軍事

部長掌握軍權。

毛、周的對決始於1927年11月的擴大會議，以後半個世紀，二人貌合神離、既近且遠，爾虞我詐。1935年遵義會議後，周失去了黨的指揮權，可是自1935年到1945年之間，周表面上對毛言聽計從，但明爭暗鬥不斷，自1945年的七全大會後，周始眞正臣服於毛之下，戰戰兢兢跟在身邊，在一次又一次的革命鬥爭中度過風險，依靠老三、老四哲學，優遊自得而保全地位。

可是在1960年代以後，周利用毛和劉少奇，在文革中，周又利用毛之名，收割鬥爭之果，後來又離間了毛與林彪，成爲最大的「騎牆派」，這是周在毛身邊能夠全身而退的秘密。

六、毛澤東肅清的辯證法

若按照周恩來總理在肅清林彪的「五七一工程紀要」以後的十全大會政治報告所稱，半世紀來黨內的兩條路線鬥爭已有十次，以後還會有十次、二十次甚至三十次的可能。他稱這個預言為「社會發展的必然性」，當然這可能僅限於中國共產黨黨內的必然性，半世紀有十次鬥爭，平均五年一鬥，西方的中國問題專家稱這是左右搖擺的路線，是為「中國的鐘擺」（Chinese Pendulum）。

從中國共產黨史來看，當毛澤東在遵義會議取得軍權前，已經有五次鬥爭：

1.陳獨秀的右翼機會主義路線鬥爭

2.瞿秋白的左翼冒險主義路線鬥爭

3.李立三的左翼機會主義路線鬥爭

4.羅章龍的右翼分裂主義路線鬥爭

5.王明的左翼到右翼機會主義路線鬥爭

在這五次的鬥爭風潮中，毛有時也會被捲入，受到處分也在所難免，

可是自從遵義會議毛取得軍權之後，為了掌握權力或確立權威，大都是主動出擊的路線鬥爭，在十大鬥爭中，第六次面對張國燾的紅軍分裂路線鬥爭，之後毛已軍權在握，特別是在延安時代，展開整風運動，日漸確立他的不動權威。

毛的肅清辯證法學自史達林，以及漢高祖、明太祖，又有《韓非子》和《三國演義》的特色，深知「兔死狗烹」之理和「一分為二」的政治哲學，所以有東西合併、爐火純青之說。

毛澤東是典型的「拉一打一」戰術，在井崗山時代已經開始發揮他的手腕和才幹，例如利用彭德懷在宴會中，殺掉迎接毛澤東進入山寨的匪首王佐和袁文才。

1945年的七全大會後，毛還是不斷面臨新的挑戰者，若按黨史的公式來看，還有：

7. 彭德懷、高崗、饒漱石的右翼機會主義反黨聯盟的鬥爭
8. 彭德懷反黨集團的鬥爭
9. 劉少奇反革命修正主義路線鬥爭
10. 林彪反黨集團鬥爭

毛在人民共和國成立後的三十年間，為了鞏固權力和權威，所採用的方法是「拉一打一」的肅清的辯證法鬥爭，例如七全大會黨章明記毛思想以後，決定以劉少

奇爲繼承人，另外又培育心腹高崗來牽制劉少奇。當高崗、饒漱石集團被肅清後，毛又利用紅衛兵和林彪的軍力來牽制劉少奇、鄧小平集團的勢力。

毛澤東自井崗山時代以來的心腹，除了病逝的幾位外，沒有一位倖存，繼續肅清的鐵則，誕生了毛的繼續革命理論，肅清的辯證法一直實行，也只有繼續的後浪推前浪而已。

七、國共內戰的終結

國共內戰後，毛澤東登上北京天安門，宣佈中華人民共和國成立。中共宣稱被消滅的國民黨軍隊有八百萬人，但到底國共雙方死傷多少？相關史料相差實在太多，我在寫近現代史的時候，最不敢輕易記述的，就是國共內戰的死傷人數。

史實上，中華人民共和國的成立，僅是國共內戰的大局底定，國民黨軍雖然連戰連敗，也未完全屈服，象徵性的抵抗是金門砲戰，國共內戰的後援國之一美國，駐南京大使館在共和國成立後尚未撤出，還留在南京觀望，美國政府並發表白皮書，譴責蔣介石政權的腐化不得人心。可是毛澤東以俄國革命為第一革命，中國革命為第二革命，日本人民民主共和國的成立稱為第三革命目標，指向「世界革命、人類解放」，外交上向蘇聯一面倒，美國不得不退出中國，世界大勢走向東西冷戰的時代。

中日「八年抗戰」結束後，蔣介

石深知國共再度內戰難以避免，所以戰爭一結束，馬上就從重慶飛南京，找「支那派遣軍總司令」岡村寧次，要求日軍協助打敗紅軍，又飛往北京拜訪當時任內蒙軍參謀長的根本博中將，提出協助「打共匪」的要求。蔣介石深知日軍勇敢善戰，所向無敵，在中日戰爭的戰場上，大多是以十對一的兵力，中國軍也無法對抗日本軍，所以唯有日本的協助才能反共抗俄。可是岡村上將和根本博中將的回答都一樣：「軍隊不是我個人的，是天皇的。」所以回國後，可以用私人身份協助作戰。金門古寧頭之役，背後的參謀就是根本博，白團的訓練則是岡村寧次上將實現他對蔣的諾言而來的。

　　蔣、毛第六次的重慶會談於1945年8月28日開始。延安時代初期，共軍僅剩下六萬人，可是中日戰爭結束後，共軍已經壯大到一百萬人。重慶會談時，蔣的主張是國民黨軍確保二六三師團，可以給共產黨軍十二個師團為上限，並要求縮小解放區，以示讓步。以後由馬歇爾將軍和張群、周恩來等三人開六次協議，才在1946年1月10日同意。1月14日政治協商會議開到月底也沒有結果，1947年3月19日蔣嫡系的胡宗南軍第一軍長董劍所率領第一旅團攻入延安佔領赤都，一時成為世界大新聞。後來歷經南京國防部派遣聯絡參謀實地勘查，才知道原來是共軍一時的迴避作戰，而非取勝。這個烏龍消

息讓美國識破蔣軍的實力，後來在中國白皮書中也指摘蔣介石、宋子文沒有依照給史迪威的承諾，絕對不攻擊延安，而蔣介石當時卻自信滿滿，誇口到1947年8、9月間，就能全面消滅共匪。

後續的國共內戰打打談談，邊打邊談，談了又打，周恩來的說法是：「抗戰前十年內戰，抗戰中八年摩擦，勝利後一年紛爭」，這是國共內戰的全觀。事實上，戰後三年半是從滿州打到海南島，光是1948年9月到1949年1月的四個月內，東北、華北、華南的國民黨軍精銳就損失了一百五十五萬人，大勢已定。

毛在重慶待了四十三天，和蔣會談中，背後已經指令林彪部隊從山東半島由海路進入東北，接收蘇聯所接收的五十萬關東軍的近代武器，在東北開打。

八、中華人民共和國不斷延燒的惡夢

　　從近代四百年史或近三百年史來看中國，清初到康雍乾三代盛世，共約二百年間，可以說是對外征戰的大時代。從乾隆最後讓位嘉慶之後的白蓮教之亂開始到文化大革命終結，共一百八十年是中國內戰時代，如果以歷史宏觀的角度來看中國內戰，人民共和國時代的內戰，不但是黨內兩條路線的鬥爭，而且也波及全國上下，成為舉國一起清算鬥爭的大混戰，其慘狀堪稱空前，也可能是絕後，不只是物質上損失殆盡，連精神上的傷害至今都難以抹滅。

　　為什麼近二百年，中國會發生這一連串的「中國現象」？最主要的是：歷經數千年歷史，地面上的資源已經被掠奪殆盡，地力枯竭，資源匱乏，中國人無法自力更生，所以問題不但是出在政治鬥爭，連生態上的鬥爭也加入混戰，造成連動政治、環境、生態、精神、文化等層面的全面崩潰內亂，是人民共和國時代無法抹

滅的惡夢。

人民共和國的成立，當然也是時代潮流所驅使，因為二十世紀人類的主流思想是社會主義，不只是俄國、東歐或中國，「世界革命、人類解放」曾經是多數人、特別是知識份子的夢想，可是理想和現實往往無法合拍，這是社會主義革命的悲劇。

不論孫文時代為國民革命的犧牲，毛澤東時代為社會主義革命的犧牲，都已經成為歷史。改革開放後，除了毛澤東主義者以外，社會主義夢想已經成為過去，有如黃粱一夢，所以「向錢看」的時代有整個迅速改變的價值觀，當然也是時代的界限，已不可追回過往之夢。

自從中華人民共和國成立之後，是中國人最有自信的時代，十五年內「超英趕美」成為順口溜，是戊戌維新以來最大的野心，所謂東風壓倒西風，是中國人自信的象徵。

社會主義實現的方法，當然不是用槍桿子就能水到渠成，不但外有美帝虎視眈眈，內也有反革命敵人趁機搞亂，所以最好的方式就是鬥爭，分成黑五類、紅五類互鬥，展開內戰級的全國大鬥爭，最先推動的是三反五反運動，毛澤東認為人民共和國的人民，不是所有人都被看成人民，黑五類不是人民，而是反人民，所以要歷經勞改思想改造才能成為人民。所以要分別人民和人民

的敵人，所以要人民民主專政。當然，紅五類也有「自
來紅」和「學習紅」之分，要「改革」要「洗腦」也要
學習，不得不一波又一波的運動，並不是僅有三反五
反，自建國以來，有反革命鎮壓運動、整黨運動、又來
思想改造運動，之後整風運動，愛國衛生運動，四害消
滅運動，鳴放運動，直到三面紅旗運動。

　　講毛澤東、講中國社會主義，就少不了運動。大概
每次運動，對毛澤東都是權力權威的再次鞏固，並且消
滅政敵，透過運動的集體力量，推行政策，喚醒民眾自
覺，收攬人心，操控群眾，並以此打倒敵人，運動是奪
權不可或缺的手段。

## 九、引蛇出洞拔盡毒草的陽謀

人民共和國時代，單是三反五反運動，揪出來的黑五類彷彿不夠似的，還有不少知識份子對社會主義的建設並不那麼熱心，甚至在背後鬼鬼祟祟策反社會主義。如果不把這些反動派一網打盡，可是不行的。

所以1955年2月，反資產階級思想文學和藝術的「反胡風運動」開始展開，1956年5月2日，毛在最高國務會議中提倡「學術研究的百家爭鳴」，5月26日，黨的宣傳部長陸定一在北京的懷仁堂演講時，對毛澤東提倡的「百花齊放、百家爭鳴」開始鼓吹，接著6月25日，在人代會上，黨的統一戰線工作部長李維漢吹起學術文藝自由化、政治民主化的新風。

當然，毛澤東的鳴放運動有當代的背景，1956年的蘇聯二十屆共產黨大會後的非史達林化運動，以及匈牙利、波蘭的暴動，對中共來說，要如何來防止中國反革命勢力的崛起，是很重要的課題。中共黨內的整風以

外，對黨外的新政策當然是鳴放運動。

1957年3月，毛公開說：「說者無罪，聽者成戒，對話者絕不報復，有誤可改，無誤可成參考」，大力鼓吹黨外人士對共產黨批評，大鳴大放。因為1950年的反革命份子鎮壓運動以來，對知識份子的整肅和改造運動，已經使人聞「鳴放」色變，不敢發聲，但是經過黨的大力鼓吹，到了1957年5月，知識份子打破了一年來的沉默，開始批判中共作風，地方幹部的人民專政，僅僅一個月而已，就知道黨被民眾所深惡痛絕，特別是毛澤東，被民眾痛批為最痛恨的頭目。

1957年6月19日，「人民日報」發表了毛在三個月前3月2日最高國務會議上「如何正確處理人民內部矛盾的問題」講話，定義「香草和毒草」的區別六個基準，僅僅一個多月，就對知識份子的批判展開封口工作，轉而開始反右派鬥爭。

毛經過鳴放運動之後，知道誰對他的政治路線不滿，誰對蘇共二十屆大會所做的個人崇拜批判有共鳴，對毛的神格化和個人獨裁有批判的言行，都大抵瞭解。

不久，毛就在1957年7月1日的「人民日報」，對「大鳴大放」所出現的民主黨派、文學家、藝術家、學生等等反黨言論，欽定為「毒草」，並指出鳴放運動的目的，就是使毒草冒出頭，讓人民看仔細，才知道這世

界上還有些見不到的東西，這樣的轉變讓人民吃驚，以後又開始行動，黨不馬上對這些反動份子立即反擊，主要是讓人民知道，誰是善意誰是惡意，有人指摘這是陰謀，毛澤東則大言不慚說這是陽謀，因為事前就已經告知，要牛鬼蛇神、引蛇出洞了。

在反右派鬥爭中，章伯鈞、羅隆基、章乃器、黃紹竑、陳銘樞等人士都陸續被迫自我批判，向人民低頭認錯謝罪，乞求人民寬容，接受黨的指導，走上社會主義的康莊大道。

到了7月，約有三十萬反革命份子被發覺，八十一萬黨和行政幹部失職被揭發，三千六百件陰謀被拆穿，證明鳴放運動是打擊敵人，具有毛澤東特色的鬥爭運動。

## 十、天翻地覆的文化大革命

一九六〇年代的文化大革命，如今已被改革開放後的中國稱爲「十年浩劫」，如今中共高級領導人，多曾經歷這段時間的酷刑。文革時代，筆者還在大學和研究所，後來接受東大衛藤審吉教授之托，繼中嶋嶺雄之後，接續有關「人民日報」的內容分析工作，從日本的觀點去體會中國驚人的變化。

文革初期，日本有不少文化界的知名學者，從外面見到文革所標榜的理想和紅衛兵的狂熱，都不禁對中國人追求人類解放的熱情肅然起敬，皆認爲「天國已近」，隔壁將出現地上樂園，橫濱的中華街也出現紅衛兵，大鬧一場棍棒齊飛，可是後來也漸漸冷卻下來，認識到原來只是一場中國人的奪權鬥爭而已，從農村的人民公社到北京的中南海，從打群架到一對一惡鬥、批判、勞改、整肅，整整鬧了十年，鬧到毛澤東歸天、四人幫垮台，十年浩劫不僅是中國人受難，連

日本的中國專家也都跌破眼鏡，知名文學家、《中國月刊》發行人竹內好從此把雜誌廢刊了；早稻田知名中國專家新島淳良教授也從此不幹了，乾脆放棄教學以免誤人子弟，十年浩劫影響之廣，可見一斑。

當然，文革的狂飆，並非到毛澤東末年才有，延安時代的整風運動就是小型的文革。王莽時代的儒教千年王國運動，是從上而下而沒有年輕的狂熱紅衛兵助威。

中國隨著改革開放的進展，文革的記憶也日漸淡化，有關文革的回憶錄也陸續出籠，大多是被害者的個人體驗或者訴苦作品而已。毛澤東的神話也成為過去，可是只要中國貧富差距無法縮小，毛澤東的信徒還是有再起來的一天。

本來劉少奇和鄧小平都是毛的心腹，也都目睹了毛一路鬥爭下來的手法，不像其他對手和毛正面衝突，而是掌握實權以後，將毛神格化的神桌清空，例如1956年9月的八全大會，就在黨規約束終將毛澤東思想削除，並在新設的政治常務委員會中，主席劉少奇以外，選出了周恩來、朱德、陳雲，將書記處改組，以鄧小平為總書記來架空毛澤東，開始實施集體領導。

奪權鬥爭高手毛澤東被請下神桌，劉、鄧一派讓毛恨之入骨，決定還以顏色，所以拉攏心腹林彪為國防部長，開始學習毛思想，並吹噓「革命無罪、造反有理」

等口號，開始復仇計畫，要將實權派殺個片甲不留。到了1969年4月九全大會，林彪已經成為毛的最親密戰友，又是法定繼承人，可是當林彪一派進行「五七一工程紀要」，大罵毛是「現代秦始皇」想要武裝政變被發現之後，毛不得不清算林派，埋葬最後的法定代理人。臨終之前，還以「你辦事我放心」，欽定華國鋒為接班人，走完孤寂的一生。

# 第九章

# 後人民共和國「文明的自殺」

## 一、與時並進的「一國兩制」狂奔

中國共產黨建黨為1921年，辛亥革命則是1911年，所以到了2011年，就是辛亥革命一百週年，中共建黨九十週年，民國百年應該是2012年元旦。

中國共產黨建黨九十年，如果依中國近、現代史的角度來看，大概可以分為三個不同時期，從建黨大約近三十年歷經二次國共合作，又兩次內戰，分分合合，雖然貌合神離，談談打打，最後還是實現了槍桿子出政權的「真理」。

2009年，剛好中華人民共和國一甲子，熱熱鬧鬧慶祝建國六十年。自改革開放後，鄧小平高唱「一國兩制」，目標是統一台灣，可是台灣民眾大多數不領情，所以中國重申「不放棄武力犯台」，希望「和平統一」。事實上到現在，已經勉強實現了中國和「港、澳」的「一國兩制」，中國和「港澳」的「一國兩制」，如果以史學的語彙來說，就是

屬於「同時性」或「並時性」的「一國兩制」。

現代中國所主張的「一國兩制」，具體來說就是在一個國家可以實行「資本主義和社會主義」兩種制度，這在馬列的傳統教條（dogma）上是勢不兩立的制度，當然也違反社會主義「世界革命、人類解放、國家滅絕」的基本精神和最終目標。

可是中國事實上已在四個原則的堅持下實現了「社會主義市場經濟」。當然，「一國兩制」並不是鄧派一批人首創，在中國史上，例如漢初、晉初、明初等易姓革命取得政權後，也實現過「封建制度和中央集權」的「一國兩制」，但後來都變成有名無實，甚至成為「吳楚七國之亂」、「八王之亂」的原因之一。

中國人絕對重視面子，所以有「死要面子」的俗語。即使「有名無實」、「名不順言不正」，「正名」或「不正名」都隨你，例如中國共產黨二次高舉聯邦制，但「08憲章」提到聯邦制就要抓人，還在諾貝爾和平獎典禮上演出一場世紀鬧劇。所謂「此一時也彼一時也」，孟子都這樣說了，你還能奈何？

請諸君冷靜回頭來看歷史，如果不從「名」，而從「實」來看中國的近現代史，中國在長遠的時間軸上，已經潛移默化著「一國兩制」，「沒有共產黨便沒有中國」的「中國」，是指人民共和國「一邊一國」的中

國,從建國到文革結束、毛主席歸天的人民共和國,是屬於「中國特色的社會主義中國」,改革開放以後第二代鄧小平、第三代江澤民、第四代胡錦濤的中國,是屬於所謂「權貴資本主義的中國」。

　　如果僅從時間軸來看中國社會的國是國策,或從社會經濟、文化思想、意識形態來比較,已經是兩個極端的「一國兩制」,並不是什麼「修正主義」,也不需要「鬥批改」,在整個中國近現代史上,或中國共產黨九十年史上,歷史的Paradigm（思考理論的結構和體系）已經完全不同,所以應該分成前中華人民共和國和後中華人民共和國的時代,這才是名符其實的史觀。

二、從資源問題看改革開放的生態背景

二十世紀以後的中國，至少有三次的國家大崩壞。1911年辛亥革命以後大清帝國的崩潰，1949年中華民國體制的大崩潰，以及文革後，中國特色社會主義的自然消滅，中國走上「改革開放」之路。這三次的崩潰是屬於國體和政體的崩壞，可以說是二十世紀中國最激動的時代。

國體和政體變動，當然，經濟、社會、文化也逃不過連鎖反應。至於「後中華人民共和國」為什麼不得不走上「改革開放」之路？「改革開放」的終點到底在哪裡？這需從宏觀或大歷史（文明史）來預視或論述。

如果單純從「資源」來看中國，大概可歸納為兩種，乾隆帝的「地大物博」和毛澤東的「一窮二白」。乾隆帝和毛澤東兩人的看法都沒有錯，可是都有些問題。

中華帝國二千多年歷史上，除了南宋、元、明初時期以外，幾乎都是陸禁和海禁森嚴的時代，可以說是密

不通風的鎖國時代，而因為農耕帝國和游牧帝國在生態學上的生存條件不同，即使長期鎖國，也可以自給自足。雖然中國在戰國時代，《韓非子》早已論述「資源有限」，所以爭戰不息，乃是由於人口太多。在乾隆盛世，地大物博是事實，所以拒絕英使的通商要求，並誇言若有所需可以恩賜，但乾隆帝對人口突然增加十倍，也非常憂慮，他雖然在宮廷內自誇「十全老人」，可是同一時代中國大陸已是滿山滿谷的乞丐和強盜，此一時也彼一時也。

毛澤東雖然深知中國已是「一窮二白」，可是對社會主義革命，或是建設的神通力過於迷信，所謂「超英趕美」或「大躍進」，對數字的迷信也是過度自傲的表現。他堅信「人力可勝天」，「兩隻手可養一個口」，所以用自力更生的口號，呼應蘇聯的「鐵幕」，將中國變成「竹幕」。

中國因為歷史悠久、人口眾多，所以地上資源幾乎都被祖先吃光，地下資源又不能期待，十九世紀的生態史已經證明中國的山河崩潰，地上資源已經枯竭。民國史和共和國史，更證明中國無法「自力更生」。代表現代中國最宏觀的看法，首推王力雄的《四最之論》，所謂「人口最多、資源最少、欲望最高、道德最低」。

中國人自二十世紀以來，無論國體、政體怎麼變，

都證明無論如何變都是悲劇，越變越像水深火熱的地獄，因爲問題已經超越政治，是屬於生態學的無解問題。所以不得不拉下臉，從自力更生一百八十度轉變爲改革開放，拉開竹幕走「他力本願」（靠別人實現自己願望）路線，這是改革開放的歷史背景。

在經濟學上，「資源論」是最基本的常識。在中國一談到「資源」，大都僅限於地上的、地下的或地球資源而已，這是僅限於地理學上的概念，在經濟學的概念上，包括資本、人材也是一大資源，特別中國最欠缺能自力創出資本或技術的人材，更缺乏文化上的資源。除了物理的暴力之外，欠缺魅力，所思所想都是「絕不放棄武力」的恫嚇，「人口最多、資源最少」，不只代表了物質資源的枯竭，也是人材、文化、經濟上資源的匱乏。

## 三、中國為何能逃過「蘇東波」的災厄？

1990年代，蘇聯、東歐所有社會主義政權（體制）連續崩解，無一倖免。結束了東西冷戰，中國稱之為「蘇東波」。

中國不但逃過了六四天安門之難，也逃過了「蘇東波」海嘯的吞沒。二十世紀初期當時，近世以來的世界大帝國陸續崩潰的大風潮來襲之際，幾乎所有近代國民國家以外的大帝國都滅了，二十世紀中葉，不但戰敗的、連戰勝的殖民地帝國也都崩解，幾乎所有的殖民地都紛紛獨立建國，這是所謂時代的大潮流，可是在二十世紀「蘇東波」的衝擊下，為什麼東方的社會主義體制中國還能倖存？

蘇聯、東歐先後因為政治改革而解體，而中國是先由經濟改革開始，所以未倒，這樣的說法是普遍的常識，但是真相是否如此？

二十世紀可以說是社會主義思想成為主流思想的時代，我在日本的大

學研究所時代，身邊學友或教授比比皆是社會主義信
徒，並確信中國是連蚊子、蒼蠅都沒有的人間天堂。直
到了文革初期，日本的文化界人士大都仍深信這個神
話，認爲「天國已近」。

在那個時代，毛澤東一直堅信並期待俄國的革命是
「第一革命」，中國革命是「第二革命」，如果日本人
民民主主義共和國政權成立，則是「第三革命」，則
「世界革命、人類解放」的理想就可以達成，可惜「第
三革命」並未成功。

那麼爲什麼「第三革命」未能成功呢？如果從「文
化圈」或「文明圈」的觀點來探索，可能可以找到一些
相關聯的答案。

例如在歐亞大陸西部，社會主義革命成功的，僅限
於斯拉夫正教會的國家和其磁力圈內之國，而東方社會
主義革命成功的國家，也僅限於儒教文化圈而已，此
外，基督教文明圈內諸國，社會主義革命風潮洶湧，但
社會主義革命在那些地區均未成功，日本是佛教國家，
所以「第三革命」並未成功，革命有其文明文化背景的
因素使然。

那麼爲什麼在東方，只有儒教文化圈內的社會主義
革命能夠成功，最主要的理由是，儒教思想和社會主義
思想的同質性很高，它們都是屬於宗教色彩極淡的世俗

化思想，世界主義（cosmopolitan）強調「理想的世界不在來世的天上，而是在今世的地上」。要進世外桃源，不必經過「最終審判」，社會主義的引導人是「前衛」，儒教則是「君子」「文士」，就是有這些同質性，儒家雖然不是馬列主義，但是都有承受其存有的風土人情在。

　　那麼為何社會主義會崩潰？若按蘇聯的諾貝爾文學獎得主索忍尼辛的說法，是階級的思想無法取代民族與宗教而崩潰，當然這可能是社會主義的最大弱點。可是為什麼至今儒教型的社會主義卻可以逃出崩潰厄運？這可能也是來自儒教的性格。儒教重名不重實，即使「有名無實」也無所謂，因此漢代以後，中國雖然獨尊儒術，實際上卻是「陽儒陰法」。後人民共和國已經是從社會主義變形為「權貴資本主義」，既無共和又無人民，但仍然標榜人民專政，「有名無實」。但也因此逃過了「蘇東波」一劫。

## 四、為什麼中國會成為世界上道德最低的社會？

後中華人民共和國時期，可能由於一窩蜂「向錢看」風氣，社會上無論物質或精神都有很大的變化，所以對於「欲望最高、道德最低」的問題，不只是異議份子的言論，連國家領導人都有同樣的看法。

例如，鄧小平、陳雲、朱鎔基、曾慶紅等人雖未承認中國是世界道德最低的國家，但是都承認中國的道德和文化的頹廢，已經到了不是一代兩代就可以重整的問題。

現今中國社會，車匪路霸、跋扈、十警九黑等現象如舊，如果以數字看，強盜一千萬人，乞丐二千萬人，妓女三千萬人，黑道四千三百萬人，所謂「七害」「八毒」「九重苦」，「什麼都是假的，只有騙子是真的」，也是中國現代社會的象徵。

中國人變成世界道德最低的民族，若將責任全部推給共產黨也不公平，我們從文化或社會面的觀點來分析，答案會比較完整。

　　大家都知道，中國從漢代以來二千多年是獨尊儒教的國家，馬列主義和毛思想成為「國教」頂多不過六十年而已。

　　近代中國不但是獨尊儒教，連學習印度佛教哲學出身的梁漱溟或精通世界各種語言的辜鴻鳴等文人，大多認為中國的道德冠絕世界，比西方文明來得優秀，不但有悠久歷史，古籍的著述與註解上面都充滿了各種「仁義」。

　　可是，書上有寫，學校有教，不見得社會就有道德存在。美國傳教士明思溥（Arthur H. Smith）的《中國人的德性》（*Chinese Characteristics*）在百年前出版後，被認為是當時約五千多種洋人有關中國著作中最優秀的不朽巨作，他在中國傳教三十多年，分析了中國人的素質，歸納為二十六個項目。我在1990年代中期回台灣時，曾和柏楊談過中國人素質的問題，提出明思溥的見解，驗證並分析這百年來是否有所改變？柏楊答道：「本性難移。」（詳見《新醜陋中國人》「醬缸震撼」）

　　明思溥在中國傳教，感嘆找不到良心，不錯，中國人是一個沒有良心的人種，現在的俗諺還存在著「有良心者被社會孤立」、「有才能者早死」等社會觀念。為什麼中國人「沒良心」？除了瞭解中國文化以外，如果你對宗教學、佛教哲學、西洋哲學稍微有點最起碼的知

識，就不難理解，這是儒家倫理的毀滅性格。

　　孔子在《論語》談「仁」，我看這本書達八十多次，書中弟子問孔子何謂「仁」，孔子轉來轉去，最後還是無法定義，答非所問。而其後大儒名儒「談仁論義」，爭論了二千多年，到頭來也是一頭空。在中國，「仁義」無法定義，有如英國思想家摩爾（George E. Moore）所說：「善是無法定義的，如果你想要對善作出概念的規定，那是最大的錯誤。」

　　儒家倫理要求「仁義」道德，到底什麼是仁義？見仁見智。儒家倫理講究方法上外力的規範，不像宗教是從內心而來的信仰，如果沒有從內心自律自發的信仰，外來的強制力會剝奪個人的良心，所以重視表面功夫的儒教，儒者不是獨善其身，就是偽善者。中國人成為世界道德最低的人種，基本上就是儒教傳統所帶來的遺毒。

## 五、中國非漢族的過去、現在和未來

近代國民國家和近代民族的概念，是來自西歐工業革命和市民革命以後的歷史產物。與以往「五胡十六國」那種時代是不同的概念。

近代所謂的民族，是屬於近代以來誕生的生理學或心理學上的概念，和人類學上的種族概念不同，是偏向主觀或心理的，是由民族主義鼓吹所產生的民族意識。

近代的國民國家從西歐流行或擴散到世界各地，特別是二戰後的殖民地解放，各國民國家興起成為近代民族國家的意識。

近代國民國家的形成，宗教是很重要的要素之一。近代國民國家發祥地的西歐，宗教和共有的歷史的聯繫，比有共通語言還要來得重要。有同一祖先和語言的印度與巴基斯坦，就是因為宗教而分成二個國民國家。

東方的近代國民國家，除了日、韓、朝鮮以外，大都是多數民族國家，如中國、越南、緬甸的民族都超

過五十個以上，而菲律賓、印尼更多，印度最多。辛亥革命以前，中國也有「大漢民族主義」和「大中華民國主義」之爭，民國以後，就開始專心於「中華民族」的培育，近代國民國家或近代民族發展並未成功，如果和其他近代國家比較，中國到了1990年代還不得不以「中華民族主義、愛國主義、振興中華」當作基本國策，重彈當年老調，可見中華民族並未淬鍊成功。

「漢」、「華」或「華夏」、「中國人」，並不是「血緣」或「語言」上的概念，而是文化集團的概念。所以雖或共有漢字或漢文，但並沒有共通的漢語。文化集團形成的原理是漢化，可是自漢末，比獨尊儒術文化更富有普遍性的佛教傳入中國以後，漢化的擴散力自盛唐以後已經完全失去，為什麼數千年的歷史文化中國，至今仍存在五十五種非漢種族？這就證明了中國化的失敗。

現存的四化中，除基督教的洋化，伊斯蘭教的回化以外，印度化和中國化都已經失去擴散力，走向劣化、退化的道路。

中國人失去宗教信仰，開始世俗化是從周代開始，實質上是暴力已取代了德化的魅力，所以中國人開始以大屠殺來對抗宗教，三武一宗的破佛、洗回、義和團之亂，都是世俗化中國的漢族消滅非漢族的暴力本質，漢

族消滅圖博、消滅伊斯蘭維吾爾族，都是世俗化的種族想要消滅非世俗化的種族所導致的爭端。

達賴喇嘛曾指摘中國政府的「文化屠殺」。中國對藏人粗暴對待，認其「愛國主義」失敗，這是中國政府思想貧困的證據。因爲藏人心靈的首都不在北京，而在拉薩，維吾爾人的心靈首都在麥加，世俗化的中國人是沒有能力去了解宗教和文化的。對鬼神失去了敬畏心的民族，是什麼事情都做得出來的，中華文化再有魅力，根本也解決不了民族和宗教的對立。

## 六、後人民共和國的經濟與軍事膨脹

前人民共和國的毛澤東時代，文革雖然被黨「決定」為「十年浩劫」，但事實上，共和國當初的社會主義建設，和最後這十年的浩劫也相差無幾。三反五反、反右派鬥爭、大躍進，因為是在竹幕內的自力更生時代，所以即使是浩劫，也僅僅是傳統的展延而已。

可是改革開放後，「自力」逆轉為「他力」，1980年代的中國變動，可以在本質上觀察到「社會不動、經濟微動、政治激動」，其中「政治激動」可以從華國鋒、胡耀邦、趙紫陽這批國家領導人的流失看得出來。

從三年一個樣到一年一個樣，每年不一樣的江澤民、胡錦濤時代，可以看出1990年代以後中國「一日不見、如隔三秋」的變化，傳統上的匪霸、乞丐、妓女、黑道又大量復活，但從宏觀的角度來看，這個傳統面貌已經面目全非。

其中最受世界矚目的，就是經濟

和軍事的加速膨脹。所以，讀中國、看中國，大都以經濟和軍事為主題，因此，「二十一世紀是中國人的世紀」，中國崛起論或中國威脅論都甚流行，問題是如果沒有文化上的軟實力，僅僅靠經濟力或軍事力，就能夠獨霸全球，成為中國人的世紀嗎？

要瞭解中國，最不可缺少的基本常識就是：在人類的經濟史上，只有中國是「例外」。它擁有永遠且持續性的成長，自後人民共和國時代以來，單從數字來看，它的經濟規模竟然膨脹了九十倍，2007年是巔峰，之後開始連年下滑。中國的持續性經濟成長最少要有二個條件才能成立，第一要市場和資源無限量，第二則是准許環境無限制的破壞。

事實上，未來中國經濟所面臨的危機或無法克服的宿命也不少，對外依存率超高也是中國經濟的致命傷。更大的危機是經濟成長所帶來貧富差距的急速拉大，國富集中於少數權貴身上，特別是每年二千多萬人左右的失業問題，連大學畢業生也面臨畢業即失業的窘境。

若從整個世界經濟的構造與變化來看，所謂「金磚四國」（BRICs）中，中國何時會被印度超越暫且不提，歐美自2002年，日本自2005年已經開始從中國撤資，2005年日本對中國的投資是對印度的近十倍，可是2009年日本對印度的投資已經超越中國，後人民共和國三十

年，可以說是世界經濟結構已經變化的開端。

　　「沒有人民解放軍，就沒有新中國」，不但解放軍這麼想，黨也這麼說。沒錯！沒有槍桿子、不在馬背上，怎麼能得天下拿政權？這是中國二千多年來易姓革命的傳統，沒有什麼特別。改革開放後，中國最受到矚目的，即是冷戰已結束，只有中國埋頭擴軍，二十一年間年年增加二位數的軍費，從海洋到宇宙都成為中國戰略的空間和目標，從航空母艦，核武到超限戰，中國絕不許美國獨霸。

　　中國一面忙著擴軍，另一邊軍人將領也躍為權貴資本主義的享受階級，因為億萬富翁中有八成是軍人將領。當然，中國沒有軍就沒有黨和國，但是中國所面臨的並不僅限於美國的獨霸，連金磚四國中的俄國、印度，在文明、資源、國益各方面都和中國嚴重對立，今後中國勢必無法獨善其身，最大理由就是中印俄的三國演義關係即將上演。

## 七、中國最大的難題和課題是「奴隸的解放」

人民共和國的國歌「義勇軍進行曲」竭力呼喊「起來！不願意做奴隸的人民」，事實上中國奴隸並沒有被解放，反而更加強化了奴隸教育。中國的社會主義制度，其實就是一種新的奴隸制度，這是鐵幕和竹幕時代的人民「失樂園」之後的事情。

2010年諾貝爾和平獎得主劉曉波在很多發表的文字中，有一項引人深思的，就是中國的教育。按他的觀察，中國的教育是教人如何當奴隸的教育。大學生有95％成為廢物，碩士生97％，博士生98％～99％成為廢物，當然這可能是中國新奴隸教育制度的成果。

國民黨的教育，喜歡指摘日本人的「奴化」和共產黨的「奴役」，它和新中國的奴隸制度，是五十步笑百步，奴隸教育，其實兩者都有，只是新舊之分而已。

鄒容的《革命軍》一書，是民前對國民革命影響最大的暢銷書，1903

年本書付梓之時，他才年僅十八歲，革命同盟會根本還
沒成立。

　　他批評中國人的奴隸根性，認為中國人沒有歷史，
所謂中國二十四史其實是一部大奴隸史，漢末至今
（二十世紀初）大約有一千七百多年，中國成為異族奴隸
國度就有七百五十九年，其中他特別強烈批判的是黃帝
的子孫，爭先恐後歡迎異族的軍隊，是一種當奴隸的根
性。

　　鄒容所指凡是中國人都有奴性，是正確的，中國人
謂有奶便是娘，更喜歡認賊作父。成吉思汗從來沒有踏
進中國境內一步，只有他的孫子忽必烈征服中國，但成
吉思汗被尊為元太祖。努爾哈赤建立後金國，孫子順治
帝征服了中國，所以祖父就成了太祖。我曾經在授課時
笑談，如果日本戰勝，中國人一定會歡迎昭和天皇統
治，並且尊稱明治天皇為「和太祖」！

　　魯迅談中國人喜歡當奴隸的論述很多，他常提到中
國人「不把人當人看」，如果從魯迅這句話來推測，馬
英九對原住民說「我把你當人看」，真是不同凡響，他
還算是有人道和人權觀念，和一般中國人不同。

　　魯迅曾經諷刺歷史學者對中國史的時代區分紛爭，
認為劃分為原始奴隸時代、封建時代這些爭論很可笑。
他在《燈下漫筆》一文中談到：「我們極易當奴隸，而

且當了奴隸是格外喜歡的。」並嘆息亂世人不如太平狗。中國人不但不將人當人，甚至有時是視爲牛馬以下，魯迅對中國史的時代區分很簡單易懂，一、想當奴隸都無法當成的時代；二、當了奴隸的時代。當然民國也是，共和國時代也是。德國哲學家黑格爾，以「自由」來區分社會，日耳曼社會是大家有自由，希臘社會是貴族有自由，中國的社會是一人（皇帝）有自由，萬民當奴隸。在中國二十世紀以前，連一人之下、萬人之上的大臣都要自稱奴才，二十世紀以後，中國人依然喜歡當奴隸，至今並無改變，這也是人民民主專政的最大支柱。

八、直向黃泉國下沉的後人民共和國

從中國產地直送或向世界散播的各種黑心食品，2007年左右，不但在日本吃死人，全球各地都傳出吃死人，這種轟動世界的中國輸出品四處毒害的形象，讓人驚慌失措。

在黑心食品成為世界性話題之前，台灣的媒體雖時有報導，到歐美時，朋友都不敢拆筷子，當時我沒有警覺心，反正不是每天都在外面吃飯，美國的台美人較早領教到中國黑心食品，拒買中國貨，從2008年以後，日本人只敢買日本自製的產品，中國製的產品即使價格只有十分之一，依舊滯銷。

有一次我在電視節目上討論中國黑心食品，有位參與討論的中國籍媒體人，自白自1990年代到日本將近二十年中，都不敢吃中國的東西，因為在中國的時候，大家都知道，我指摘他「怎麼不早說？不是獨善其身就是掩蓋事實，等於是共犯」。他辯稱1990年代說了也沒有人會相信，我也

有一位好友，因為吃了中國製罐頭而死，葬禮以後我到他家向夫人弔唁，夫人指了指他吃剩下的罐頭，說他就是喜歡吃這個東西吃死的。

當然，中國黑心貨不僅吃的，還包括兒童玩具、衣服，到各式各樣的家具，甚至藥房會賣假藥，最黑的還有所謂「八毒」的坑、蒙、拐、騙、假、偽、冒、劣，中國真的是無奸不成商。

按照中醫學會的警告，中國可能在五十年內面臨滅種危機，孫文時代憂慮的亡國滅種，前提是人口不增加，而今天的新危機則是不孕症，因為現在中國一億二千萬對的夫妻中，有三千萬對不孕，改革開放之初，不孕症僅2%～3%，三十年時間，竟然增加到25%左右，如果不有效抑制，五十年內難逃亡國滅種的命運。

不孕症提高的最大理由，就是吃黑心食品，內外夾攻，因為中國現在的空氣污染、水質土地污染已居全球之冠，是日漸下沉的黃泉之國。中國人除了「走出去」、逃出中國之外，實在想不到別的辦法。

所以，中國人是否有能力自力更生？改善自己的環境？絕對不可能，中國每年GDP成果所帶來的環境災禍，中國根本無力自行解決，因為經濟成長太快，年年以倍數增加，連帶引起社會問題和民生障礙，亡國滅種的危機即將出現。

九、從官民對立到複合性大崩潰之宿命

有關後人民共和國的未來，總括來說有兩個極端的看法，關於未來的預測，即使有科學的，也有如相命八卦，無法估計。

一個是好的結果，認為中國是人類史的例外，經濟可以繼續成長到達無限，加上強大的軍事力，2010年中國經濟總和GDP已經超過日本，十年後超過美國成為世界第一，所謂二十一世紀是中國人的世紀，美夢即將成真，中國的獨霸時代到來。

這種看法是以中國共產黨文宣部、中國政府對外文宣工作對象的專家，或者中國的「憤青」和台灣的主流媒體為中心所傳播的看法。「中國站起來」的各種報導，讓人信心滿滿，如果成真當然很好。

另一種反向的看法，就是用中國有史以來「一治一亂」的循環來觀照中國未來的發展。絕對無法克服的難題所帶來的分裂說、崩壞說，中國政府、國家領導人的亡黨亡國甚至亡國

滅種的危機感，以此爲評價論斷。

改革開放的狂奔到底終結在哪裡？沒有人知道，但是如果中國不容許不同的聲音存在，則是最大的危機。劉曉波等憂國憂民文化人，在「08憲章」中指出，目前中國的最大問題是「官民對立」，「官民」的對立還只是屬於政治或社會經濟的問題而已，其他當然還有不是政治、國體、政體改革就能克服的問題。

從人類史上來看，民族、國家不是永久的，當然中國也不能例外，以中國的瓦解、崩潰論來說，所指的「崩潰」概念定義不盡相同，有指經濟的、社會的、國家的、體制的或文明的崩潰。中國有史以來，春秋戰國、五胡十六國，或漢、唐、明、清等歷史王朝的崩潰、分裂都是歷史常態，二十世紀的中國也有本書所提的帝國、民國、前共和國崩潰的前例。

從中國的歷史來看，中國型的大破局（catastrophe）大概可以分成三種類型：(A)大量死亡或餓死的洪旱災難等等天災型破局；(B)大量殺戮的天下大亂型戰亂；(C)瘟疫型的毀滅性大量疾病死亡。從世界疾病史來看，歐亞大陸的瘟疫大流行，有如SARS大都發源自中國，中國可說是世界上最不衛生的疾病發源地，宋、元、明實際上是亡於瘟疫大流行，人口大量病死，中國歷代國家、王朝的大破局，都不脫上述三種類型。

　　雖然中國在六四天安門事件之後，經濟力和軍事力有顯著提昇，但是歷屆國家領導人都對亡國滅種的情況憂心忡忡，特別是宋元、楊白冰、甚至到溥一波、洪學智的遺書，都對中國的亡黨亡國充滿憂心，當然胡錦濤、溫家寶未來也不會例外。

## 十、改革開放是中國終選的「文明的自殺」

毛澤東歸天之後，中國所選擇的道路是改革開放，到底改革開放在整個中國史上有什麼意義？從大歷史來論述的觀點不多，在此暫且不提。文明在中國有時也被稱爲大歷史。在現代生活中，中國大都將文明看成是生活上的禮節，其實並不是如此。

改革開放以後，黨大會經常決議要「創造社會主義新文明」，到底社會主義除了給中國帶來無窮盡的悲劇之外，還能創造出什麼新文明？何況新文明並不是黨的決議就能創造出來的。

中國自十九世紀以來，所有的運動、改革、革新，大都挫敗，失敗也是以丟棄傳統文化爲目的，有關中國文明的自殺，拙著《文明的自殺》（集英社）有詳盡的論述。

以大家在教科書上所學習到的歷史知識爲例，中國洋務（自強）運動的「中體西用」，僅否定傳統的物質文明；戊戌維新和立憲運動否定傳統

的政治制度；辛亥革命否定二千多年來的皇帝制度、國體和政體，要完全改成西洋的國家制度；「五四運動」的民主與科學，再加上打倒孔家店，否定傳統的文化；社會主義比辛亥革命還要激烈，文革的「破四舊」和「批林批孔」更遠遠超越五四運動的否定所有傳統，更深入徹底成為全民運動。

　　那麼，改革開放在文明史上，到底是什麼性質的運動？

　　中國基本上是陸禁和海禁森嚴的國家，連一般的文人也多有錯覺，以為中國為了使夷狄受王道德化，所以要積極對夷狄教化，事實上剛好相反，因為中國歷代王朝深怕夷狄學習了中華文明會超越天朝，造成威脅，所以對文物的流出非常嚴謹，例如《孟子》、《史記》或兵法之類的書，雖然歷朝不盡相同，夷狄想得到中國的文物，都要等到天下大亂時才能入手，到了鴉片戰爭以後，中國雖然五港開市，但還是未從鎖國到開國。自改革開放之後，拉開來的竹幕，終於讓人民走向有史以來未曾有過的開國、開放。

　　在此暫且不問用什麼標準來衡量或定義何謂民俗或陋習，眾所周知的，纏足、蓄辮、宦官、科舉、道教、儒教等等，都代表中國傳統文化或文物（例如辜鴻鳴認為纏足是「代表中國之美的國粹」）。但是歷經百多年的

運動、改革、革命，鬥、批、改、破之後，如今中國文化、文物，最有魅力的頂多只剩下「中國菜」而已。近年來雖然以「孔子學院」爲招牌，又有「新新儒教」的吶喊，但都不成氣候。這是後話。

　　改革開放的主軸或性格，是從「自力更生」轉向「他力本願」的轉捩點，也沒創造出什麼社會主義新文明，中國除了循著西洋近代文明所走的老路，它可以自傲的文化魅力，恐怕付之闕如。

# 第十章

# 後中華民國的一甲子

# 一、中華民國何時亡國？

在人類史上，國家和民族都不是永遠的，其消失也很稀鬆平常。而在國家型態上，有部落國家、封建國家，也有帝國，但是近代以來所誕生的國民國家，和國民可以說是近代的歷史產物。國民和民族也是。「商女不知亡國恨」和「國破山河在」的國，是指朝廷。

辛亥革命以前，梁啓超，甚至孫文這些「先知先覺」者，都不知道自己的國名。梁算坦白，在自己的《飲冰室文集》中就承認沒有國名。不僅梁啓超，在辛亥革命前，以早稻田大學清國留日學生爲例（宋教仁和李大釗都是早稻田出身），1907年早稻田大學「清國留學生部」（院）畢業生紀念名冊上，國名欄的塡入紀錄，當時六十二位清國籍畢業生中，自稱「支那」者十八人，「清國」者十二人，「中華」或「中國」的七人，不知自己到底是哪國人而無塡入者，有二十五人。

　　以往每逢天下大亂的易姓革命風暴，群雄競立、建國建號，當然辛亥革命後號「中華民國」以後，也不例外。各省獨立之後，共創中華民國，在南京成立臨時政府，其時北京也有北京政府，呈一國兩府的狀態，致若要不要二個或三個以上的中國，那就要看國際的承認了。

　　後來南北統一，雖有征戰，還算是「和平統一」。北京的袁政府雖有二次革命、帝制、三次革命、復辟等等之亂，一直還是國際承認的合法政府。問題的發生是孫文糾合反北勢力，在廣州自立了三次軍政府，自稱大元帥。當然問題就來了，因為國際上的國家、政府承認，並不在「主張」，而是看實力，結果只有打了，既南征又北伐，不僅南北政府對打，南北兩政府的內部也鬥到你死我活。

　　最後南京政府打勝了北京政府，從一國兩府，統合成一國一府了，南方人以武力變天，北方人極不服，連開國元勳章炳麟都宣佈「中華民國已經滅亡了」。

　　中華民國自建國以來，爭亂不斷，有「從袁大總統到張作霖大元帥的時代」，有「蔣介石的南京政府到重慶政府，蔣、汪政府對立的時代」，還有「國共內戰，台北政府的時代」。當然，「後中華民國」從兩蔣到李、陳、馬的時代，已經六十年了。

　　本來蔣介石在台北東山再起並重啓爐灶時，已經自稱「中華民國已亡」，後來還是繼續使用「中華民國」的國名和年號，但到底「中華民國何時亡國」？何時「建國復國必成」？當然爭論不休。

　　在八十多年前或六十年前，章炳麟和蔣介石都曾經宣佈過「中華民國已經亡國」，可是亡國之民和守護神都心有不甘，想盡辦法從法統或道統，或以法國的近代史為例，試圖想要從第二共和、第三共和、第四共和來解釋中華民國並未消滅。如果不問是否名符其實，現在中華民國確實還有國名、國旗、國歌、憲法，甚至「中華民國」的國名都還在聯合國存續，至於領土範圍、國際認知或國民認同，並不是以「阿Q精神」就能自圓其說的。

## 二、專靠思想控制維持的兩個中國

後中華民國在台灣有近四十年的報禁，是當時代人所共知的。中國在竹幕時代，最主要維持政權的手段就是人民民主專政，箝制言論，操控媒體，至今不但沒有變化，反而禁制力量越來越強。

在中國史上，並不是一直都是沒有言論和思想自由的時代，如先秦的春秋戰國諸子百家學說，就是言論自由時代。可是自從秦始皇「天下歸於一統」後，以「一」為天下萬物最高的理想。

代表思想箝制的是秦始皇的焚書坑儒，但比秦始皇更道高一尺的是漢武帝，他罷黜百家獨尊儒術，後漢的師承以及以後的歷代王朝，諸如文字獄，都是思想箝制的措施。隋煬帝以後，中國有千餘年的科舉制度，焚書坑儒時代被坑的只有百餘人，但科舉的受害者則何止千百萬人，所以到了1905年，清末中國才不得不終結科舉制度。

中國史上從百家爭鳴時代以後，思想的箝制是一代比一代強，特別是到了近現代，由於科學技術的發達，中國的言論思想控制，技術更加高超。大概人類的進化、發展有二個方向，多元化和一元化，中國所有的文化總是向一元化發展，並且更加強化，從百家成為一家，一家言或一言堂的代表，並不僅限於儒家，《毛語錄》也是極端之一。中國人的個性也是如此，總是喜歡全體一致、步調一致。

民國和共和國這兩個中國政權，最主要的都是靠教育和媒體這二大支柱來撐起政權。如果這二大支柱倒掉，這些政權有沒有未來，實在是很難說。記得柏楊曾經講過一句重話：如果一個漫畫或一首詩，中國就承受不了，這麼體質虛弱，那麼就儘快亡國好了。當然，柏楊所指的並不一定是民國，以劉曉波的例子來看，「08憲章」所主張的，僅是希望遵守憲法所規定的言論等等自由，若主張遵守憲法就要抓人，這種體質虛弱的國家，實在太沒有自信了。

中國人的教育重於捏造歷史、政治掛帥，所希望教育出來的，除了劉曉波所說的「如隸」以外，最理想的中國人就是愚民。孔子將人分成君子和小人，共和國分為紅五類和黑五類、人民和反人民，當然到了後共和國時代，歷史還是回到古代，人民專制也成為權貴專制

了。

　　中國雖然尚古，可是思想的操控和媒體的操控卻是飛躍進步的，可見中國人也不是食古不化，前共和國時代的毛式思想改造洗腦運動，雖說絕妙手法舉世無雙，但是人民自有智慧，知道「人民日報騙人民、北京日報騙北京、解放軍報騙軍人、光明日報不光明」。雖然知道了，你還是不能怎樣。在台灣，只要不看報紙或電視，是生活很舒適的地方，台灣一個蕞爾小島，卻是報紙、新聞台和名嘴爆料的畸形地方，現在台灣媒體多半是統媒在操控，即使如此，國民黨能操控教育和媒體，卻操控不了民心，台灣意識還在增加之中。

## 三、後民國和後人民共和國的同途異歸

日本能、中國更能，台灣能、爲什麼中國不能？

近數十年來，時常有機會和一些中國民主人士，或認爲中國可以實現民主化的人士辯論民主問題。我會告訴他們，「你斬釘截鐵的說能，我很敬佩你的鬥志和信念，但是我不是潑冷水，我認爲只要中國存在，絕對不可能。」

中國比日本大，日本、台灣爲什麼能，爲什麼中國民主政治不可能？就是因爲大，所以不可能，越大越不可能，因爲民主制度是小國的政治原理，古代西洋多有案例，羅馬帝國在最小的時候，也有大約七百年的時間是共和體制。

「因爲大所以能」的這種想法，康、梁時代在上書光緒帝實行維新的奏文中，也是以「因爲大所以更能」之論來誘騙年輕有爲的光緒帝，結果變法失敗了。

民主政治和傳統文化是息息相關

的，至少有二大文化要素，限制中國只有獨裁專制，甚至改稱人民專制，這正是所謂有中國特色的社會主義人民民主。

因為中國在文化傳統上，是以「有德者」受天命來統率天下百姓的人治國家，民主制度是以法治為原理，是勢不兩立的概念，除了否定傳統文化，絕無他法可以實行民主。

中國的國家原理是馬背上得天下的易姓革命，造反有理的國家。如果要以歷史來證明絕對不可能民主，我就舉出近百年或辛亥百年來絕對不可能。至少百年來，由國民革命開始的史實證明，中國的民主運動為什麼越運動、犧牲越多？所帶來的結果是越來越獨裁專制的統治，民初還有國會可以選，可是到了後共和時代，不但是民主人士爭相逃命，國家領導人也到了不掌握黨政軍權，社會就不安定的地步。這可以說中國的人民民主專政已經瀕臨爆發臨界點。

如果從人類的政治制度發展的方向來看，向民主和向獨裁發展的方向，和達爾文的進化論不同，有兩個方向，有從民主化向獨裁化的古代羅馬共和制度發展到元老院，最後為羅馬帝國的君主獨裁或半獨裁。

中國的歷史也是朝越來越獨裁的方向發展，春秋戰國時代，雖有王道與霸道之爭，可是沒有西洋式或游牧

民族的選舉或民道。可是秦始皇、漢武帝並沒有宋朝或者明洪武帝獨裁，唐代還是貴族社會，有三權分立制度，中國的君主是從宋代開始往獨裁發展，直到現代已經發展到最高峰，是人類史上罕見的獨裁專制。

　　至於台灣，為什麼可以在中華民國體制下進行全民民選總統的民主制度？很簡單，台灣離「大中國」已經很遙遠，社會開放、進步與多元的發展快速，雖然有許多來自中國傳統文化的亂象，可是終歸可以當家作主，這就是「小國的政治原理」。

## 四、從大歷史看台灣和中國的歷史幾何學

史觀、史論、史說並不僅限於中華史觀、華夷史觀或統一史觀，台灣和中國的關係，你要怎麼說、怎麼教，那是你的能量。地球人口近七十億，民族、宗教、言語或文化、文明、國家不同，利害關係不同，史觀也就不同。

這數十年來，我經常以台灣為觀點來思考過去、現在和未來，如果以中土、中原、中國為中心來看世界，那是中國的傳統史觀或世界觀。如果將人類史從文明生態來觀察，稱為文明生態史觀。當然也有學者認為文明生態史觀是限定於歐亞大陸為中心的，應該從海陸雙方來看歷史，所以也有人不否定文明生態史觀，而提出海洋史觀的觀點。

台灣和中國的歷史幾何學，筆者在1990年的拙著《台灣·國家的條件》（前衛）中，已經提出歷史的看法以供參考。

海和陸的文明關係，在不同的歷

史腳步中，有文化和文明的交流，當然也有政治、軍事、經濟上的抗爭。在中華史觀強烈的影響下，往往將視野侷限在「中、台」關係，而失去世界和歷史的視野，成爲短視和偏見的觀察，這才是井底之蛙。

我1990年以迦太基vs.羅馬、威尼斯vs.拜占庭帝國、錫蘭vs.印度的幾個歷史幾何學關係，來闡述文明的興衰和國家興亡，台灣和中國的史觀或史論，未來的關係也值得以此法參考。

羅馬的興亡是西洋史研究的主題，不少哲學家甚至都是研究羅馬文明史出身的。羅馬滅亡的原因很多，版圖過份擴大也是原因之一，敵對的迦太基滅亡了，也是因爲失去競爭對手，失去了活力。羅馬繁榮的象徵是「麵包和馬戲」，繁榮將會帶來悲劇，是屬於老莊思想的看法。

本來威尼斯人的祖先是羅馬帝國的移民，被從陸上趕到淺灘，打造起來一座人工島，日久成爲小島上的住民，有近千年繁榮的歷史。以一小島，僅靠海洋通商貿易，力抗周圍的大帝國，古代希臘的城邦雖然人少地小，但是能創造出西洋文明的各種文化要素，威尼斯人則創造出影響深遠的近代文物。可是威尼斯滅亡的主要原因，是住民自決選擇和義大利統一，而淪落爲供人憑弔的海上博物館。

　　錫蘭和印度在文化、文明上有數千年的歷史，類似海南島和中國的關係。可是在人口結構與地理政治學上和台灣與中國的關係極為類似，到了近代錫蘭，有四百五十年受到葡萄牙、荷蘭、英國殖民統治，獨立後半世紀才解決國內的民族問題。

　　錫蘭雖然是印度文明的外延，可是並沒有被印度統一，也沒有什麼「絕不放棄武力」的恐嚇言語，因為印度文明是容忍多元性格價值的，這並不是歷史的使命，而是歷史的宿命。

## 五、從文明文化史談台灣史

台灣四百年史和中國五千年史，是現代台灣對歷史教育的通論。當然這是根據史書的記述所得來的歷史意識，或歷史常識。但歷史並不一定要根據文字的記述，人類有「有文字」的歷史，也有「沒有文字」的歷史，中國人自古以來就擁有強烈的歷史意識，印度人則以宗教意識取代歷史意識。

文字的記述，即使不捏造或不是偽史，多少含有史家個人的史觀。例如劉知幾的《史通》就和司馬光的《資治通鑑》史觀完全不同，連橫的《台灣通史》更是亂七八糟，至少有六百多處以上和史實不符，純屬故意捏造的部分也有。

日本的「民俗學」開山始祖柳田國男，曾批判歷史的主角都是英雄豪傑，少有常民的歷史，考古學專找「死骨頭」和金石遺物，但歷史有會腐爛消失的，也有不會的，所以關於精神方面的，應由民俗或神話傳說去

追尋才是。我自1990年代開課，談台灣史觀就不以古文獻來引經據典，而是從近代自然生態科學和社會科學中，以地文、水文和人文史觀來探尋台灣的歷史。

　　台灣在文字紀錄上，早期雖偶有被提到，但開始登上世界史紀錄，大概在十七世紀前後，和五月花清教徒移民美國大陸大約同一時期，荷蘭、鄭氏、清代雖然統治台灣的一部分，而開始統一台灣成為單一政治單位，是到了二十世紀初由第五代台灣總督佐久間左馬太大將統一全台灣，征服山地民族以後才完成。

　　可是若從「超古代史」各方面的研究成果來看，大約一萬二千或一萬五千年前，陸橋浮現時代，台灣和琉球、九州是同一文化圈的，從DNA的研究，台灣原住民和日本古代的繩文人有相近之處。

　　台灣由於地形複雜而從自然生態中孕育了多樣性的文化，若從史前至今日，台灣文化的結構形成，我認為最少是由六層文化生活的基礎所預估而來。以下的六層文化基層是我近20年來，所設定又略加修正的文化基層：

　　第一層 —— 由球根栽培當主食的闊葉林、照葉林的
　　　　　　　複合文化
　　第二層 —— 以稻作、漁獵維生的海洋性黑潮文化
　　第三層 —— 大航海時代的荷蘭、西班牙西方文化

第四層──漢族移民的大陸東南沿海的閩客文化

第五層──日本化的近代歐美文化

第六層──百年內戰的中國新文化

台灣文化在形成的過程中，受到外來文化的強烈影響，這是最大特徵之一。台灣文化和中國文化的不同性質，在於台灣文化的累積性和重層結構，台灣文化雖然受到外來文化的強烈影響，而形成明顯的斷層，但是這些外來文化也在歷史的累積中形成台灣文化的一部分。

在台灣文化的重層結構中，的確有漢文化的基層，台灣與中國在文化結構中也有不少相同或類似的文化要素。台灣有荷治、西治、鄭治、日治時代，中國頂多只有清治時代，所以在中國文化中，就沒有台灣文化中所累積的非中國的外來文化要素。台灣並沒有中國百年內戰及社會主義的切身經驗和精神文化，中國文化要素中欠缺台灣所累積的近代文化。台灣和中國雖然共有部分文化要素，可是文明原理和結構不同。

六、台灣和中國的文明衝突和文化摩擦

如果以「近代化」做價值基準來看台灣與中國的近代，在「人」的質上，台灣較中國有三大優勢：1.在近代民族和社會結構的成熟度上有優勢；2.在近代國民國家的民度上有優勢；3.在普世價值的接受度上，也有近代生活上文化和文明的優勢。

所以自國民政府接收大日本帝國的遺產，統治台灣以來，二二八屠殺事件，在文化、文明的背景中，可以說是文化的摩擦和文明的衝突。

台灣與中國的文明衝突和文化摩擦，理由很多。海島和大陸的思考、習俗、風土相異，幾乎是完全不同的歷史腳步。台灣和中國或民國不但沒有「絕對不可分割」的絕對緊密關係，用佛教語則是「一蓮托生」的關係，反而是「絕對矛盾」（毛的用語）的敵對關係。

台灣四百年史中，與中國大陸的關係，簡言之，鄭成功是最後倭寇的頭目，入台後不失海盜本色，對原

住民「人抓屋拆，雞仔鴨仔抓到無半隻」；清代治台二百一十二年，斷斷續續海禁和山禁（海禁解除是在甲午戰爭十年前），是「征蕃」的時代，台灣「三年一小反，五年一大亂」，實際上平均不到二年就有一次造反；而民國百年，前四十年是日中對立，後六十年是國共對峙，蔣家治台有二二八和白色恐怖，中國尚未治台，就口口聲聲說絕對不放棄以武力犯台，實在是殺氣騰騰。

台灣史上，陸對島的掠奪和屠殺已經成為「台灣人的悲哀」的歷史記憶，台灣和中國的文明衝突，文化摩擦最大的理由，還是現代化程度的不同。中國接觸、接受西方近代文明比日本早，同時也大力推動洋務運動，實行船堅砲利、富國強兵政策。但中國從洋務運動，一路革命直到改革開放，內亂不止，戰爭不斷，一百多年還在從頭開始四個現代化。

一般公認，構成現代文化的四個要素，是資本主義、民族主義、民主主義及個人主義等，當然，社會主義和現代化無緣，又創造不出一套「社會主義新文明」，所以才要大聲吶喊四化。

經濟的現代化不可缺少資本主義市場，政治的現代化是民主化，文化的現代化是合理化。台灣在一百多年前仍然是中國人眼中的化外之地，但是一百多年來，台灣卻比中國更早接受現代文明的洗禮。

　　台灣在1940年代，工礦業已經超越農林漁業，走進近代工業社會，在近代的生活文化上，以使用電量來比較，台灣平均是中國用量的二百倍以上。近代社會，國民意識、法治精神都和中國超出甚遠，加上近代民族意識的形成和對國家、民族、社會、文化認同意識的不同，後民國的六十年，國民政府治台所產生的文明衝突與文化摩擦，自二二八開始至今六十年以上，未見文明和文化的融合，反而擴大，這是台、中之間永遠不止歇的對峙。

# 七、因緣際會比較台灣和海南島

　　無論是友人、夫婦、甚至國家民族，在因緣際會中所結交或邂逅的機會，往往決定了一生或半生的命運。以國家為例，西德和東德，南韓和北朝鮮，都是由於結交對象不同而決定了今日的命運。西藏人和維吾爾人的悲劇，也是有目共睹的。

　　文明有對話、有交流、有衝突，文明的邂逅到底如何決定住民的命運，台灣和海南島正是歷史強烈的對比和典範。

　　台灣被納入日本文明圈僅半世紀，就進入近代工業社會，海南島被中華文明編入二千年，一直到改革開放前，都還是中國最落後的地域，所得不及中國本土平均的一半，到底理由何在？最值得探討。

　　海南島和台灣、九州的面積差不多，在十九世紀，人口也差不多，氣候從熱帶、亞熱帶到溫帶，地理緯度上雖有差異，可是差異不大。

　　台灣比起海南島和九州，接觸文

明極遲，在甲午戰爭或十九世紀中葉以前，台灣比起
海南島，生態環境和文明水準更加惡劣。台灣是「瘴
癘之地」、「荒蕪之島」、「化外之地」，可是甲午
戰爭後，被劃歸日本版圖，進入日本文明圈，日本開
始經營台灣。當時，台灣事務局（伊藤博文任局長）和第
二十一、二十二次帝國議會，都有「內地延長論」和
「殖民地論」的爭端，主張如同九州和四國一樣，以內
地延長爲經營方式的，是後來當了首相的原敬。

　　台灣在日本明治維新以後，在以「文明開化、殖產
興業」爲口號的經營之下，從近代教育開始，以開發爲
主的台灣建設，開始大量鋪設道路、鐵路，治山治水同
時進行，近代都市的建設開展，確立了商品經濟、貨幣
經濟和法治社會。改善衛生醫療，脫離瘴癘之島，在
1940年就從原始部落時代走進工業社會，成爲戰後亞洲
四小龍的物質與精神基礎。

　　海南島早在二千多年前的漢代就被編入中國版圖，
當時的大越國首都就是現在的廣州，按以前南越的歷史
教科書的「中華侵越史」的主張，江南之地是被中國所
侵略的祖先之地，文革之初，周恩來曾經告訴日本國會
議員田英夫，要將海南島歸還給越南，文革後鄧小平就
教訓越南，發生中越戰爭。

　　海南島自被編入中華文明圈後，一直是中原文明的

邊陲地帶，二千多年來都是被遺忘的島夷之地，原始狀態持續了二千多年，雖然明代有人中狀元成為內閣大學士，參加中央政治，也是依樣故我。海南島有豐富的地下資源，是名符其實的寶島，可是依然被視為文明邊陲，一直到1858年的「天津條約」以後，才成為法國的勢力範圍，1941年大東亞戰爭開始，日本皇軍佔領海南島以後，才開始開發工作，可是當日本敗戰後，和台灣大同小異，所有近代的日本帝國遺產都被解放，以後的海南島，因為地上資源都被國民政府劫掠一空，解放軍開始掠奪地下資源以及森林資源，不但帶來海南島的山河崩壞，又將海南島一腳踢回原始社會。文明的邂逅，台灣和海南島的對照，可謂之典範。

## 八、後民國給台灣帶來的儒禍與華禍

台灣歷史上有所謂的政權，是從荷蘭與西班牙時代開始，以前沒有，雖然台灣史上有強力的卑南王和大肚王，可惜皆未建立王國，所以台灣史和琉球史，以及其他在歷史生態學上極類似的海洋東南亞各國，和陸地東南亞各國，在歷史上略有差異。

台灣近四百年史上的政權，被稱為殖民地政權，並不完全正確，全部都是外來政權才正確。國民黨政府也是外來政權，在李登輝時代已經以國民黨主席和總統身份承認外來政權說，在一位政治領導人來說，這是非常誠實的。統派逢李必反就是因為此局被戳破。中國人在文化上，特別是政治上，是絕對不能誠實以對的，胡耀邦曾經說過，中國政府必須向圖博人謝罪，因此他不得不失職。國民黨政府也是外來政權，這從除中國人以外的台灣觀點來看，應該是一般常識。當然，現在民進黨主席蔡英文也有這一種常識。

中國人的世界觀（天下觀）是「天下莫非王土」，又加上了以「統一」爲最高價值判斷的民族性，是可以理解的。

在日治時代以前，從社會結構來看，台灣社會是由四大文化集團所形成，分別是1.山地與平埔原住民；2.泉、漳、客各自以祠廟爲宗、守護神爲中心的移民族群；3.土匪集團；4.由中國大陸所派來的三年一交替的官兵（綠營）。原住民和新住民之間，因爲資源的爭奪而不斷衝突，弱勢族群均受到土匪、兵匪的搶掠。台灣從部落社會走進近代工業社會是在日治時代以後，警察的權力取代了各地武裝勢力，戰後，國民政府取代了日本，在台灣以法統、道統重建民國。地、人、權的矛盾從此開始。

從大陸帶到島上的新現象，總括爲「儒禍」和「華禍」，戰後由戰勝的國民黨軍來台接收「敵產」，不久就有如下的民謠流傳：

| | |
|---|---|
| 台灣光復 | 歡天喜地 |
| 貪官污吏 | 黑天暗地 |
| 警察橫行 | 無天無地 |
| 人民痛苦 | 哀天叫地 |

近現代史中，白禍vs.黃禍的爭論，到日俄戰爭時代達到頂峰。二十世紀以後，社會主義思潮日漸成爲

二十世紀主流，「赤禍」也成爲世界性的課題。各地的內戰，多少都跟「赤禍」有關。

但是最初身體力行體驗過「華禍」的是台灣，從接收開始，從二二八屠殺到白色恐怖，可以說是屬於政治性的。台灣從法治社會回到人治社會，更是廣泛而深入的社會劣質化！加上黨營事業、黨庫通國庫的政治經濟社會劣化，甚至黨禁、報禁等等，很多都是台灣有史以來初次體驗到的。當然，不僅2003年的SARS，戰後的天花、鼠疫等，大都是由中國所帶來的瘟疫。

中國自清末的1905年已廢止科舉，儒家思想的經典教育到了五四運動已經進入尾聲。連儒教教育出身的梁啓超都認定中國只有家族道德沒有社會道德，老莊「棄仁絕義」的主張，墨子「兼愛」的主張，姑且不提，二千多年來的「儒禍」所證明的是，尚古的思考模式不但剝奪向前進步的契機，所教育出來的學生，不是獨善其身，就是僞善者，禍害極深。

## 九、中國人獨自回歸到大同世界的地獄

本來大同思想中的大同世界，是原始部落時代的烏托邦思想，老莊思想反對人爲，以回歸自然爲義，是雞犬相聞的小國寡民思想，後來連主張人爲而天下定於一的儒教，也附和回歸，大談大同。《禮記》〈大同篇〉是學生必背的教條，國民黨黨歌成了國歌以後，也高唱世界大同。

近代中國，繼承孔學大道之行的理想，並將原始人的大同世界體系化的大家，是康有爲的《大同書》，在台灣唱國歌，最後大家也唸唸有詞合唱「以進大同」，可是空有口號，到底是什麼大同？基本上毫無內容。在小學時代，我常問老師「什麼叫做大同」，老師大都惱羞成怒，破口大罵。

後來，我一直到研究所讀西洋哲學和東洋思想、佛教哲學以後，才日漸了解什麼是「大同」。

康有爲不但是孔學大家，也深受西歐民主主義、社會主義思想和佛教

思想的影響，集東西學之大成，完成了大同世界思想體系，當然比《禮記》〈大同篇〉的空思夢想更有內容，依據康的看法，大同世界乃超脫苦難與污穢，只有快樂與清淨的極樂淨土。佛教、淨土宗的思想反應在康有為的思想體系裡，可惜欠缺像法然、親鸞上人的淨土真宗的宗教思想。康梁的維新思想，現代幾乎已成明日黃花，但現在日本的淨土真宗，至少有千萬人以上的信徒，思想的影響力是向上發展的，並不成為過去。

康有為《大同書》甲部「入世界觀眾苦」中，曾列舉人世間有「人生之苦」、「天災之苦」、「人道之苦」、「人治之苦」、「人情之苦」、「人所尊羨之苦」，為了解脫苦惱根源，走向大同世界必須破九界：第一曰去國界，合大道也；第二曰去級界，平民族也；第三曰去種界，同人類也；第四曰去形界，保獨立也；第五曰去家界，為天民也；第六曰去業界，公生產也；第七曰去亂界，治太平也；第八曰去類界，愛眾生也；第九曰去苦界，至極樂也。

全書反覆強調男女平等、個人有自由獨立、天賦人權，至於是否履行上述論述即能到達大同世界的通路，書中未做明確解說。雖外界批判康的思想硬化保守，內心反動，但是筆者認為這種批判似乎過於嚴苛，至少康的大同世界要比孔子或孫文的空洞大同思想要來得實

在。

　　近代國民國家是建立在肯定多元價值的基礎上，近代意識也是建立在認同大異世界、否定大同價值上，近代的集體主義（totalitarianism）有納粹德國右翼，也有蘇俄列寧的左翼，都是集體主義，大同思想也可以說是中華式的集體主義。

　　人類之所以無法達到大同世界的境界，並非大同世界是一個空想的烏托邦，而是大同世界本身即是一個充滿矛盾的思想，是中國人知識蒙昧的象徵。假使今世之中有一個大同世界存在，這個世界將是一個非常危險的世界，也是一個靜止的、原始的、死亡的世界。事實上，自由、平等、博愛、民主這些普世的價值觀念，是人類不斷重複追求的理想，可是這些理想只可單獨存在，而不能並存，那是矛盾不通的，大同世界想要解決這些所有矛盾，只挑好處迴避壞處，當然不可能實現。

　　在現實的自然與社會條件下，人類要不斷克服自然、克服自己、自強不息才有生存的意義。自然環境日日在變，人類的生死存亡也要時刻變化，根本沒有什麼大同世界可以逃避。

## 十、民國建國百年？辛亥革命百年？

辛亥革命一百年，也是中華民國建國一百年，更是中國國民黨和軍閥、中國共產黨抗爭對立的一百年。

共產黨建黨之初，人少勢弱，不得不和國民黨合作，合了二次，打了二次，就打倒國民黨政權，取得中國江山，成立中華人民共和國。中華民國被中華人民共和國取代，只是沒有被完全消滅，而讓國民黨政權落跑到台灣，一息尚存，苟延殘喘。

在台灣的中華民國政府，美其名爲正統中國政府，實際上只是流亡政府，在國際上的地位妾身未明。雖然蔣介石時代，誓言和中國本土的共產中國「漢賊不兩立」，也只是「死鴨子嘴硬」，改變不了既成的態勢事實，所以蔣經國時代只好再主張「莊敬自強」、「以不變應萬變」，但最後卻是「以萬變應不變」，反正「變來變去」本是中國人的傳統精神，孟子說的「此一時也，彼一時也」，都有他們的道理。

　　中國共產黨和中國國民黨虛虛實實的「合作」歷史，兩次「國共合談」，兩次分裂而展開大規模內戰，失敗的一方總是國民黨。如今時代更是不同了，即使現在重新掌控政權的馬政府銳意向中國一邊倒，在「力學」關係變化上，情勢已完全逆轉。即以前是「國共合作」，現在如果有第三次合作或合談，應當是「共國合作」了。馬英九政府一廂情願，到頭來死無葬身之地的，恐怕是無辜的台灣人民了。台灣人且善自珍重吧。

　　而後中華人民共和國的中國共產黨人民政府，正以黨、政、軍的實力，加上經濟力的優勢，取得一中化的主導權，胡錦濤以下馴對上馴的策略，以王毅、陳雲林來現場羞辱馬英九，然後又藉著連戰、宋楚瑜和馬英九的三角關係，大玩力學遊戲，來個「以夷制夷」。馬政權執政以來，中國對台灣的「超限戰」，已經達到了最高峰的頂點，表示中國馴馬師已充分瞭解馬語、掌握馬性，而達到讓馬甘為坐騎的階段了。

　　從台灣觀點來看，現時台灣所面臨的經濟、司法、媒體、主權四大危機正日漸深化。最可怕的，正是台灣已經從世界的台灣，漸漸變為中國的台灣。

　　中華民國流亡政府在台灣（嚴格說應是國民黨竊占台灣），已經超過六十年了，一甲子的歲月，是祖孫三代的時間，國民黨一貫掌握黨、政、軍、特、公、教、司

法、媒體，唯一無法徹底掌控的，就只剩下民心了，因為他們無法取得硬氣台灣國民的認同。其實他們本身也解決不了外來政權落地生根的問題。蔣家父子兩代落葉歸根的鄉愁猶可理解，可是馬政權上台以來，馬不停蹄所走的路，依然充滿令人不解的大漢中國情，顯示這條後中華民國之路，正好落入無法自主的、任憑宰割的終統之路。

　　辛亥建國百年？後中華人民共和國自然不會承認中華民國建國百年的存在，他們甚至修了「中華民國史」，時間就終止在1949年。「天無二日」，是中國的核心價值，哪還容得下有「中華民國建國百年」這回事，所以百般施加壓力，向世界宣佈中華民國已亡國。想不到在台灣的後中華民國政府，竟然自行放棄建國百年的神主牌，改稱「辛亥革命百年」，甚至「精彩一百」，等於正式向全世界公開承認，現在在台灣所慶祝的，正是中華民國的「百年亡國慶典」。如同國民黨的老祖公革命同盟會選在紀念亡國二百四十二週年在日本舉行一般，興味十足。

〔附錄〕

# 一個辛亥、各自表述
## ——從辛亥百年到中國超限戰

文/陳宗逸

## 影視劇作　入島入腦入心

　　「辛亥百年」的「精彩100」秀2011年按照順序登場。當然了，國民黨黨化教育最為吹捧的「329黃花崗起義」的紀念日搶先來臨，搶著闡述歷史、歌功頌德來「正當化」法統黨國版歷史的行動，並不讓人意外。

　　比較讓人覺得納悶的，是以往如仇寇宿敵的國、共二黨，近年來已經在「表述中國近代史」的說故事上頭逐漸「統一」，原本被共產黨輕蔑地稱為「革命先行者」的孫文，近年來在一系列中國、台灣和香港影劇圈合作的作品中，逐漸有被「神格化」的趨向。中國共產黨幫忙中國國民黨「修正史觀」，讓以往勢不兩立的意識形態「邁向共和」，這真是耐人尋味。

　　很有趣的是，2011年的「辛亥百年、精彩100」大秀中，除了國民黨小家子氣的各種慶祝活動外，中國

共產黨也不遑多讓，並且挾著龐大的影視戲劇市場，來「以通促統」，幫忙國民黨圓這些歷史上的「疑雲」。

　　準備進場來搶這個「精彩100」商機的，光是在中國就有陸續推出的《孫中山傳》電影、電視劇，由中國政府籌資、對民國近代史友善描寫的《建黨大業》，以及描寫辛亥政變的《辛亥革命1911》…等數部作品，據說還有描寫「國父革命」的好萊塢動畫作品將問世。

　　特別值得一提的，就是這部標榜「成龍從影以來第100部作品」的《辛亥革命1911》，將會以全新的（對新中國以後的人們來說）、依照國民黨黨化教育歷史課本來講故事的這部《辛亥革命1911》，由廣受爭議的廣告導演、攝影師張黎執導筒，張黎2003年推出的《走向共和》電視劇，曾經在台灣、中國內部引起年輕人的「感動、悲憤」，尤其是描寫孫文革命的苦楚、日本的可惡和國民黨推翻滿清的辛酸，用類似日本NHK大河劇的拍攝方式來運作，一段「孫文臨死前的民國共和演講」至今還是網友爭相在Youtube等影視收看網站上，熱烈相傳的影片。從高漲的製作成本來看，這部由成龍領銜主演的《辛亥革命1911》，將以商業化的方式取得類似香港那部架空歷史幻想電影《十月圍城》一樣的商業/政治化妝效果。

　　從國、共二黨藉著影視文化優勢，來重新詮釋「統

一的民國近代史觀」，可以想見共產黨對「祖國統一」
的統戰技巧，已經爐火純青到能夠與國民黨的歷史大秀
進行不著痕跡的「接軌」，中國共產黨可能發現，台
灣1960年代後出生的青壯年世代，尤其是未來能夠掌
握社會主流輿論的這個世代，雖然經過國民黨黨化教
育的洗禮，也經過台灣民主化後的浪潮，雖然對蔣介石
家族的醜態已經如數家珍，但是在台灣的「最大公約
數」主流民意，還是認為「國父孫中山先生是不容置疑
的偉人」，連因貪腐被關押的前總統陳水扁以往的競選
廣告，也以孫文來「置入性行銷」，故「神話孫文」應
該能夠達到兩岸「意識形態統一」的最大公約數，所謂
「入島、入腦、入心」的統戰指導原則下，「捧孫文為
偉人」將有助於讓台灣1960年代後出生的這個世代，更
快地接受「一個中國、一個近代史、血脈相連」這個感
受，進而可迅速完成「兩岸中國人」的國族意識統一。

台灣的這些國民黨老法統們，開口閉口「國父孫中
山」，還把「百年元旦」的「燃燒孫中山大臉」煙火表
演當主秀，連結到孫文孫女同時間離奇車禍的命理八卦
奇談，還有另一個孫女「發願辛亥百年全球設立100個
國父銅像」等舉動，引來街頭巷尾議論。但是，許多人
不知道的是，這部「精彩100」的歷史，其實是由黑幫

起頭的,所謂的「國父革命」,事實上是孫文集結黑幫烏合之眾的武裝鬧劇而已。

## 「國父第一次廣州起義」的烏龍情趣

據英國著名的亞洲黑幫史權威Martin Booth的研究巨著《The Dragon Syndicates-The Global Phenomenon of the Triads》(華人幫會史)所研究,生於1866年的孫文,早年以12歲之齡赴夏威夷投靠大哥孫眉,由於孫文受到基督教信仰的影響,孫眉急忙將他趕回國去,年輕氣盛的孫文裡外不能適應,在18歲之前就加入了廣東地方的三合會組織,國民黨版教科書傳頌一時的「國父為了破除迷信,所以到廟裡去捏斷神像的頭顱…」一節,事實上是孫文因為與三合會中胡亂習武、然後四處作亂的惡少在鄉野間的胡亂惡行,因為這件事情,故鄉鄉民將孫文逐出村里,他也只好前往香港投靠朋友。

由於年少叛逆、與黑道亂搞,大哥孫眉又將孫文叫回夏威夷幫忙做生意,由於擁有三合會會眾的身份,孫文就加入了檀香山的三合會組織,向這些朋黨們借了一些銀兩,然後又潛逃回中國。孫文日後認為「華僑是革命之母」,事實上是因為他從此之後,只要欠錢,就會出國「募款」,靠此維生所致。

逃離夏威夷躲在香港的孫文,一開始想要學醫,所

以進了香港大學醫學院，香港在當時是全中國三合會的大本營，Martin Booth形容「三合會成員若在中國覺得不安全，就躲到香港來，他們在這處殖民地勢力興旺，掌控了華人生活的每一個層面－或至少插足每一個層面。碼頭苦力、黃包車伕、街頭小販、鴉片煙館老闆、妓院老鴇、剃頭師父，甚至街頭藝人，全都要向三合會繳納『保護費』，要不就是成為其中的一員。三合會開設廟宇，主辦宗教慶典；鴉片在香港合法，三合會卻走私鴉片，逃避高額稅款；對於在本埠卸貨的米糧、麵粉，課取相當費用，並且經營苦力棲身客棧，控制市場。孫文又加入了香港當地的三合會，與何啓交好，何啓是個醫生，又到英國研習法律，也是律師，是老一派的三合會員，主張反清復明，四處宣講滿清腐敗。孫文另結交的一位三合會成員，就是醫學院同學鄭士良。」

從這邊我們可以知道，孫文的神話在去年的香港電影《十面圍城》中，曾經被人議論過，先不論歷史演義的戲劇性和嚴謹研究有何伸縮空間，事實上整個電影故事的背景，就是描寫三合會黑道人物的生活狀況而已，硬是套上「革命」神話抹妝，讓人覺得莞爾。

就如電影中看似正氣浩然的陳少白（梁家輝 飾），他和尤列、楊鶴齡日後與孫文一起被稱為「四大寇」，這「四大寇」被國民黨政府美化為「敢嗆聲、思想前

衛」的「憤青」，事實上，這「四大寇」全都是橫行香
港廣東境內的黑幫頭頭。

例如陳少白、楊鶴齡就是香港三合會「中和堂」的
創始改革者、山主，尤列的地位也很高，可能是中和堂
的「宣法」，陳、楊將「中和堂」改編成非常有效率的
流動恐怖組織，孫文則用他在醫學院裡學得的一招半式
化學伎倆，試著製作炸彈。同時，孫文也在澳門開了一
家兼賣漢藥處方的西醫診所，因為非法而馬上被葡萄牙
殖民當局政府查禁，後來又開了多個藥舖，都由三合會
黑道兄弟經營，亂賣西藥與漢藥處方，以此掩護孫文的
炸藥實驗室。

## 所謂「四大寇」，其實就是四位黑道大哥。

孫文事實上是個投機主義者，拼湊了一些學問與知
識，加上個性漂移不定，所以對於是否要革命或者是科
舉從政，拿不定主意。1894年他「上書李鴻章」不成，
讓他對於仕途的夢想幻滅，但是這個旅途中，讓他遇上
了一輩子的貴人－宋嘉樹（宋查理，也就是宋氏三姊妹的父
親）。

當然，從美國回來的宋嘉樹，早在美國金主Julian
S. Carr的監視之外，偷偷在上海加入三合會，以及勢力
強大的紅幫。宋嘉樹原本承諾Julian S. Carr在中國開辦

「美華書館」專印美以美教派的書籍，在中國傳教，但是宋嘉樹在1892年背棄了金主，與孫文開始廝混大談叛變。宋嘉樹未來在「精彩100」神話中，佔有重要地位。

紅幫是一個在中國最有勢力的黑道組織，尤其在中部長江流域和上海橫行無阻，與南方以廣東為基地的三合會互相輝映，紅幫幕後的財力雄厚，表面上是個類似互助會的組織，事實上是個帶有奇怪民族主義色彩、並且非常有效率的恐怖組織。它的高級成員涵蓋很廣，包括商人、買辦、大官、金主；在上海如果你想出人頭地，若不是得加入紅幫，也必須和紅幫保持密切關係，宋嘉樹利用「美華書館」，幫紅幫印刷名冊、證書和煽動性的民族主義文宣品。

經過宋嘉樹的引見，孫文在上海也認識了紅幫的重要領導人：富有的買辦鄭觀應，以及知名媒體工作者王韜。透過這些人脈管道，孫文從被李鴻章忽視的失落感中被救贖，油然升起恐怖主義思想，準備以暴力革命來達成「出人頭地」的夢想。而能夠幫助他「圓夢」的，當然就是這股勢力龐大的黑道徒眾了。

1894年，清國政府忙著在北邊應付來自日本的威脅，南方空虛，孫文覺得恐怖主義應該會在南方「有搞頭」，所以模仿了三合會與紅幫的組織方式，當年11

月底在夏威夷檀香山成立了屬於自己的恐怖組織－興中會。成立後迅速招到120人入會，其中包括重要的金主鄧蔭南，鄧蔭南也是三合會檀香山大同分會的領導人，由於孫文承諾「革命大業」事成之後，給鄧擔任廣東二個重要縣份的縣長，鄧蔭南也因此變賣家產全身投入，這筆他放在孫文戶頭的「創投基金」，未來也確實讓他死後再度成為富豪。

興中會的成員，幾乎都來自中國東南省份的漢族分子，幾乎就是洪秀全太平天國涵蓋的地方，孫文密友鄭士良利用三合會的裙帶關係，找到許多黑幫幫眾加入興中會，孫文想像中的藍圖是：全中國大約有3千5百萬人加入黑幫組織，這股力量可以善加利用。興中會的入會儀式模仿了三合會，例如第36條誓詞強調：「既入洪門，就與結拜兄弟合作，忠實、盡力反清復明，為五祖報仇。」（五祖，是指少林五祖，據說是天地會的開山祖師，是清朝初期的漢人恐怖組織。）後人才把興中會的這條誓詞加入：「建立合眾政府」。

1895年，清國與日本的日清戰爭（甲午戰爭）打了慘敗，整個國家動盪不安，孫文認為暴力革命的時機來臨，選定農曆9月9日（西曆10月26日）行動，選這一天有特別考量，因為九九重陽是漢人掃墓、祭祖、團聚之日，可以展現「起義不忘光宗耀祖」之意，也可趁當局

戒備較鬆懈時奪得先機。

雖說看起來似乎「有搞頭」，但是要武裝暴力革命，要應付廣州地區的清軍正規軍隊，暴動人手還是不足，所以孫文要求三合會支援3,000名「紅棍」（在三合會中的地位等於是軍官）和「四九」（普通成員，類似步兵）。這批烏合之眾浩浩蕩蕩到了香港集合，準備佯裝旅客混入渡輪，化整為零潛入廣州，暴動的武器則用香港九龍波特蘭水泥廠（Portland Cement Factory）的水泥桶偷運過去，他們計畫分組，狙殺或綁架清國官員，或者利用廣東南部河道潛入境內暴動。這支「革命勁旅」包含了長江地區的海盜、土匪和黑幫成員，由一位外號叫做「大槍梁」的土匪頭子帶領，部隊全部配紅色腰帶和頭巾，用來識別身份。

「國父的第一次革命」草草結束，國民黨黨版的歷史教科書從沒有多提細節，只強調了「因為革命計畫洩密，清廷拘捕，畫青天白日黨旗的陸皓東犧牲」（陸皓東也是三合會成員，少年時和孫文一起毀壞關雲長土偶而流亡）。事實上，這批原本要做為革命勁旅的3,000人烏合之眾，根本沒到現場。因為，他們在香港碼頭，就為了「誰可以配比較好的武器」這個問題，而大吵特吵起來，帶頭的「大槍梁」壓不下場面，來回折衝之間，想不到開往廣州的渡輪已經開船了，這批革命勁旅他們沒

搭到船！是的，他們連船都沒搭上！

　　這下子麻煩大了！在廣州的孫文升火待發，香港主力援兵卻出了狀況，孫文立刻通知請這些紅棍、四九們「就地解散」，打算花錢打發他們。想不到負責香港聯絡的楊衢雲卻在狀況外，要這批黑道大哥們第二天再搭船過去廣州。結果因為這些大哥們的吵雜動作鋒頭太健，惹得香港警方查緝，用電報通知廣州清國當局，當渡輪靠岸的時候，守在碼頭的清國正規軍隊，剛好把這批大哥們一網打盡，絕大多數的傭兵頭頭都被捕，二位帶頭的被殺，一位被斬首，另一位被刀砍死。

　　這個「國父第一次革命」就這麼結束了，香港、廣州二地搭不上線，指揮效率比當時同時侵擾清國政府的許多恐怖組織要來得差。放下徒眾倉皇失措逃離廣州的孫文，先躲在一個基督教傳教士的家裡，然後再男扮女裝逃到澳門，然後搭船到香港，順利出國，此後16年流亡海外，無法進入中國。也由於人在海外不得不低頭，孫文在1896年春天，也就是第一次「革命」失敗之後不久，就把妻兒接到檀香山，並在當地以三合會「紅棍」的身份加入致公堂，在他的母舅楊文納（致公堂高級職員）的幫助之下，孫文與這批由廣東珠江海盜起家的亡命之徒廝混在一起，成為北美大陸最強大黑道組織的重要成員。後來呢？「革命」的故事，當然是越來越精彩

的……

## 329廣州大屠殺　無知孫文犧牲熱血青年

　　既然如此，孫文十次革命的「虎膽妙算」已經在台灣傳唱已久，尤其是被《宋氏王朝》（The Soong Dynasty）作者Sterling Seagrave形容為「廣州大屠殺」的「329黃花崗起義」這段歷史，以及接續在同年成功的辛亥政變（起義/革命），都可算在孫文頭上，成就孫文在民國近代史的神話地位。

　　事實真的是如此？我們看到台灣新聞台在描寫日本福島電廠危機時，還有主播煽情地用什麼「與妻訣別書」來形容冒死留守的「勇士」家書，我們就可知道這個由國民黨黨化教育所形塑的「1911年」，這整年的事件已經被糟蹋到沒有人能夠精確地道出「真正發生了什麼事情」？

　　在「國父第一次革命」的「廣州起義」中，孫文犧牲了黑社會烏合之眾，易容成女人潛逃到海外去，從夏威夷、美國、歐洲流浪到日本，四處加入黑社會、僑社唐人組織，長達16年無法進入中國領地，所以後來幾年的「9次革命」，孫文基本上都不在中國本土，以「間接方式」當「幕後黑手」遙控各個恐怖組織，對清國政權進行政變。

在那個外有帝國主義壓制、內有各種亂黨、海賊、土匪與恐怖組織作亂的時代來說，孫文對清政府進行「革命黨/恐怖組織」的行動，事實上只是一碟小菜，影響力還比不過各種由宗教、幻術以及拳法進行組織騷擾的亂匪，這些有組織的恐怖行動，遠比孫文在「邊境搞革命」的天馬行空要來得讓清政府擔憂。

成龍在《辛亥革命1911》這部電影中，飾演黃興，這是個很有趣的人物，可惜在孫文的神話光環中，黃興一直是被國民黨黨化教育版近代史所「刻意忽略」的人物。相較於孫文遊走在黑幫、留學生、各個土匪組織間「騙吃騙喝」，黃興所代表的是另一種典型的20世紀初期中國知識份子。

1911年在廣州的「黃花崗起義」以慘烈失敗收場，更證明了以孫文為主、倡導「邊境革命論」的廣東同盟會勢力的軍事投機主義徹底失敗。

1908年，西太后病逝，光緒帝也先死一步，整個清政府交給一個3歲的末代皇帝溥儀掌管，清政府搖搖欲墜、群龍無首，溥儀的父親載灃是個無能的人，為了保有政權，在西太后死前，擁有實力的軍頭袁世凱，已經被解職退休，暫時隱居，中央政府權力的分崩離析，給了孫文軍事投機主義一搏的機會，故1910年2月的「國父第9次革命」，也是同盟會成立以來的第7次，雖然以

笨拙的聯繫失調和毫無節奏的軍事行動失敗告終，但是
這次的政變帶給孫文一個新的契機，那就是在這次的行
動中，許多的清兵都加入造反，上流階層既得利益者和
富商的加入，都加深了孫文的軍事冒險主義的濃度。

　　這次失敗之後，孫文從檳榔嶼到南洋、加拿大又走
了一遍，募到了足以再次行動的資金，這些錢全部由孫
文未來的丈人、也是他當時忠誠的「帳房」宋嘉樹掌
握，決定在1911年4月13日在廣州行動。

　　所謂的「黃花崗起義」是一場徹頭徹尾的軍事投機
行動，遭到屠戮的都是年輕黨眾，雖被國民黨黨化教育
歷史描寫為「可歌可泣」，但卻慘烈地證明孫文的「邊
境革命理論」徹底失敗，付出了龐大代價。

　　這次的行動，又重演了第一次廣州行動的那齣鬧
劇，也就是「革命黨人」又在香港港口吵著「到底誰可
以拿比較好的武器」，鬧得不可開交，而一位來自新加
坡的青年溫生才（日後被稱為「紅花崗烈士」），竟然在行
動前5天的4月8日，魯莽地行刺廣州將軍孚琦成功，溫
生才被捕之後讓清政府在廣州提昇戒備等級，同盟會黨
人在要不要行動上開始爭執，從原本的4月13日拖了二
星期，終於下定決心在4月27日（舊曆清宣統3年3月29日）
發動攻擊。

　　由於黨人各派爭吵不休，橫向聯繫出問題，4月27

日當天僅有130位黨眾攜帶土製炸彈與手槍，就匆忙攻擊廣州總督衙門，由於聯繫鬆散，原本準備增援的滿清新軍沒有行動，130位烏合之眾闖入衙門時，清官吏早已脫逃，黨眾被截斷後路、大軍包圍，一位帶領者竟然異想天開想要讓在場的清軍響應革命，結果立刻被槍殺，而領導的指揮官黃興發現一切都太遲了，匆匆溜進一間倉庫，改穿平民服裝遁入茫茫夜色，留下倉皇的青年學生黨眾遭受屠戮。

　　當然，忙著在加拿大數鈔票的孫文，根本不知道自己的軍事冒險行動再度因為倉皇的規劃而失敗，並且造成慘重損失，此後，孫文在同盟會內的「邊境革命論」徹底破產，被放逐在外的孫文，只能輾轉在美、加等地徘徊。年輕的澳洲記者端納（William Henry Donald）曾目睹，在廣州之役失敗之後，宋嘉樹頹喪不已、不知所措的面容。而在孫、宋黨徒正在打算亡命後路的時候，一件發生在華中的意外，卻讓中國革命起了新的化學變化。

　　當4月27日，100多位同盟會黨眾在廣州遭到屠殺的時候，一群駐守在長江武漢三鎮的清軍守衛部隊，正在打算造反，他們跟孫文、同盟會沒有任何的關係，在國民黨黨化教育歷史教科書中，這些「新軍」人人「信仰三民主義」，事實上是一群對軍餉不滿、官場失意軍官

帶領下的烏合之眾部隊。

10月9日晚上，一枚土製炸彈在他們的營區裡面突然爆炸，清警察趕到現場，發現了徽章、文件、地圖和旗幟等物品，隨即分好幾路突擊部隊屯區，逮捕謀反徒眾，這些部隊的軍營被包圍了，政變計畫被曝光，這批如一盤散沙的叛軍只有二條路可走，一條路是就逮，另一條路就是政變。所以，這批四營的新軍突然展開政變，憑著優勢火力輕鬆佔領整個都市，總督逃到停在長江上的一艘砲艇上，這一天剛好是1911年10月10日－吉祥的「雙十」。

孫文直到新軍已經政變成功的10月11日，還發電給黃興謂：「無法募得資金，希望中止起事」，國民黨黨化教育教給我們的：「國父在辛亥革命成功之後，優先赴英、美等國募款資助革命，然後返國」，根本是下流的歷史屁話。

直到10月12日，孫文當時正在美國科羅拉多州丹佛市（Denver）的一家華人食堂內用餐（也有一說他當時在該食堂打工；也有謂他當時與洪門的幾位華僑正在各地演說募款）時，才看到報紙報導。「辛亥革命武昌起義」這件事情，不僅孫文茫然不知，連他在廣東的心腹胡漢民，也絲毫不知道。

武昌新兵政變成功，是一群烏合之眾，讓孫文認為

自己「有機會成爲領袖」而赴美、英、法等國爭取支持，全部落空之後悵然返國。

　　當孫文知道武昌新軍政變成功之後，他知道自己會被列爲「潛在的新中國領導人」，爭取國際認同是他「奪權」的第一步，所以他立刻展開遊說工作，迅即求見美國國務卿諾克斯（Philander Chase Knox）卻遭到拒絕，他悻悻然地離開華盛頓趕赴紐約，立刻搭上直奔英國的輪船，在10月底與英國軍火商維克馬克兵工廠和知名企業美心公司（Vickers Maxmis, Montitors-Manufactor）負責人道遜爵士（Trever Dawson）接觸，承諾一旦他掌權將給維克馬克兵工廠特許的軍火採購訂單，讓道遜爵士幫他在英國外交部遊說，甚至承諾「讓英國軍官指揮中國海軍」、「給英國在中國最優惠待遇」等條件，希望英國政府支持他成爲新中國領導人，結果被當時的英國外交部長Edward Grey悍然拒絕，因爲英國政府知道，孫文是個「喜歡說大話的傢伙」，認爲他「口惠而不實」，英國外交部事實上認爲當時在中國擁有實權、軍事經驗和外交眼光的僅有袁世凱，英國將全力支持袁世凱。在英國受挫的孫文，11月底離開轉赴法國，終於見到法國總統克里蒙梭，但是法國政府態度和英國一致，孫文遂「二手空空」失望返回中國。

　　這就是整個「辛亥革命1911年」的眞相。孫文的軍

事冒險主義害死了廣東100多位年輕黨眾，避居海外對革命心灰意冷。而毫無計畫的武昌新軍政變突然成功，改變了整個歷史，而這個突發事件和孫文毫無關係，卻被後人視為「國父革命成功」。而在美、英、法等強國都得不到外交奧援的孫文，雖被推為「臨時大總統」，但是斤兩自知，各國支持的是有實權、做事有條理且深具政軍實力的袁世凱，孫文後來落寞下台，繼續他「專制跋扈」的「革命事業」，想殺掉所有「擋他路」的各路英雄豪傑，跌跌撞撞間讓「推翻滿清建立共和政府」的苦難中國，繼續跟著孫文的自私路線受苦受難，那又是一段長遠又無奈的故事了。

## 空口說白話 坐火車遊山玩水的妄想家

孫文的徒子徒孫，特別是那些拿他當「神主牌」來坑殺異己的國民黨右派徒眾，最津津樂道的，就是孫文被袁世凱趕下大總統位子之後，搖身一變成為中華民國政府的鐵道部部長，「不要權力，下鄉勘查地形蓋鐵路，讓中國富強」的這個神話，一個世紀以來藉著國民黨黨化教育，騙得一些中國人、台灣人一愣一愣的（尤其是那些以考第一名、當狀元為傲的受害者，其中一個在參選台北市長時的廣告自稱「國父也說我幹得好」，可見其受黨化教育影響之深之遠……），好像孫文如同坂本龍馬、或者義大利的

加里波底一樣，革命成功後就歸隱山林、經世救民。

　　事實上，根本就不是那一回事。當鐵道部長的這段期間，孫文雖然在政治鬥爭上「吃癟」，其實他過得還蠻不錯的。

　　根據被稱為「中國之友」的端納（William Henry Donald, 1875~1946，據說是蔣宋美齡的初戀情人）描述，孫文當時卸下大總統之位，當了袁世凱的鐵道部長，其實「很像是在渡假，排解舔傷口的時間而已。」

　　來自澳洲的年輕記者端納，跟著孫文一路走，是當年極少數跟孫文有密切接觸的西方媒體人。他描述：「孫文想不到，袁世凱竟然會打發他出任一個傻瓜的差事，他獲得一個月3萬塊的月薪，旅行的時候還是可以風風光光。孫文堅持要任命他的親密戰友宋嘉樹（宋查理，宋氏三姊妹之父，也是後來孫文的丈人）為鐵道部的財務長，隨侍孫文左右，而宋嘉樹的長女宋藹齡則擔任孫文的私人秘書。」

　　端納描述，這群人跟著孫文一起環遊中國，凡是鐵路能到的地方他們都去。

　　特別的是，孫文搭的火車御用車廂，是前朝老佛爺慈禧太后的16節特別設計的「專列」，是當年慈禧太后要拿來跟沙皇尼古拉二世「比美」的超級豪華車廂，比俄羅斯羅曼諾夫王朝家族橫跨西伯利亞的專用列車還要

精美。

這16節「專列」當年載著西太后，跟她的40雙鞋子、2,000套衣服一起四處出巡，辛亥革命後一直沒有被改造過，這個豪華車廂就這樣地讓孫文專門使用，端納形容裡面「有藍色的天鵝絨地毯，上面繡著金黃色的牡丹花和鳳凰，窗簾則是用黃色綢緞，全都是富麗堂皇的帝王裝飾，這很符合這位中國新任鐵道部長的口味，和日後史達林接手尼古拉二世的專列、那種顧盼自雄的樣子很像。」

「火車上擠滿了跟班、侍從和來求一官半職的閒雜人等，他們大部分都是來搭便車的，當然也包括那些無所不在的美女。」

端納發現，這16節豪華列車每個夜晚如酒池肉林、珠光寶氣，每停一站就會吹起號角喇叭，然後孫文下車來和各地名流見面、喝茶，以及發表一些他的胡扯演說。

據說曾是蔣宋美齡初戀情人的澳洲記者端納，在年少時期曾親眼目睹孫文「瘋狂人格」的驚人場面。端納還曾目擊好色的孫文想染指宋嘉樹的長女、他的秘書宋藹齡，曾經大膽向宋提親，結果被宋嘉樹以「你是已婚者，要自重」的理由遭到拒絕，端納是當年談判現場的第一目擊證人。思戀長女失敗，孫文後來又染指二女宋

慶齡成功，宋嘉樹與孫文才徹底翻臉。

在這個「歡樂之旅」的過程中，孫文常常和年輕的端納聊起他「開發中國」的藍圖，有時候藹齡還會端一張小桌子來，將端納與孫文的談話草草記下來。

端納說，孫文認爲「鐵路是中國擺脫貧窮的不二法門」，但是蓋這麼長的鐵路需要錢，端納懷疑孫文去哪「弄到錢」？孫文則會攤開地圖，滔滔不絕地講著「這段用英國資金、那段用美國資金、還有這段用日本資金、還有些德國資金可以調度……」

端納勸告孫文放棄這個鐵路大夢，他說：「你難道不知道當年西太后也想做同樣的事情？他們要把鐵路收歸國有，然後用外國資本經營，結果造成了鐵路罷工，直接引起了辛亥政變嗎？」孫文聽到端納的「吐嘈」後竟然啞口無言。

更有趣的是，有一天早上，端納又進了孫文的專用列車，看著孫文盯著一張大張中國大地圖端詳著，手裡揮舞著一枝筆，在各個城市之間畫線，端納說：「我看到了最令人信服的證據，孫文不只是一個極端瘋狂的人，而且還是一個會讓別人發瘋的人。」

端納幾乎每天清晨7點都準時進入孫文的列車辦公室，看著他畫著這些代表鐵路路線的線圖、然後擦掉、

重畫，再用尺把這些線畫直。最後，在火車抵達一個大
都市的時候，孫文就會把這些畫好線的地圖拿來在記者
招待會中「獻寶」。

　　端納勸誡孫文不要如此「自暴其短」，讓外界「看
笑話」，孫文根本不當一回事地跟端納說：「我要讓大
家了解，我的地圖將解救中國。」

　　端納不解地問道：「幾天前，你說要在10年之內建
築20萬華里（1華里約500公尺）的鐵路，那是絕對不可能
的。」「還有，我的孫醫師啊！你畫的這條環繞西藏的
鐵路，永遠也蓋不起來，你可以用筆和墨水蓋這條鐵
路，如此而已，有些你畫的路線，可是在高達15,000呎
的高山上啊！」

　　孫文說：「目前那邊不就有路嗎？不是嗎？」端納
說：「那只是羊腸小徑而已，不是路啊！我的醫師，這
些羊腸小徑盤旋而上直抵天頂，山路太陡了，有時候連
犛牛都幾乎爬不上去……」

　　雖然被人識破了他的空想，孫文還是很嘴硬地跟端
納說：「只要有路，就可以建築鐵路。」

　　端納在那本《我在孫逸仙、張學良與蔣介石身邊的
日子》回憶錄中說：「他發瘋了，並不由於他畫這張
圖，因為只要有錢和足夠的時間，他所畫的每一條線，
甚至其他更多的線，都可以完成。」

「我說他發瘋了，是因爲他異想天開，以爲只要在地圖上畫線，外國資本家就肯定會把足夠的資金借給他，……在5至10年內蓋好所有的鐵路！」

而孫文這條夢想的「青藏鐵路」，直到2007年、一個世紀之後才終於出現。

辛亥百年歷史，處處充滿了這些瘋狂、虛假的夢囈與幻想，如今台灣人恍惚中慶祝著這些不知從何而來的神話，在膜拜孫文、重新拜讀「國父思想」的時候，想想那些飽受孫大砲空想蹂躪一世紀的可憐中國人吧！

國家圖書館出版品預行編目資料

中華民國一百騙：你有所不知的真正精彩一百/
黃文雄著. - - 二版.- - 台北市：前衛，2014.08
360面；15×21公分

ISBN 978-957-801-752-8(平裝)

1. 中華民國史　　　2. 台灣政治

628　　　　　　　　　　　　　　103013873

# 中華民國一百騙

著　　者　黃文雄（Ko Bunyu）
責任編輯　番仔火
美術編輯　宸遠彩藝
出 版 者　台灣本鋪：前衛出版社
　　　　　10468 台北市中山區農安街153號4F之3
　　　　　Tel：02-2586-5708　Fax：02-2586-3758
　　　　　郵撥帳號：05625551
　　　　　e-mail：a4791@ms15.hinet.net
　　　　　http://www.avanguard.com.tw
　　　　　日本本鋪：黃文雄事務所
　　　　　e-mail：humiozimu@hotmail.com
　　　　　〒160-0008 日本東京都新宿區三榮町9番地
　　　　　Tel：03-33564717　Fax：03-33554186
出版總監　林文欽　黃文雄
法律顧問　南國春秋法律事務所
總 經 銷　紅螞蟻圖書有限公司
　　　　　台北市內湖舊宗路二段121巷19號
　　　　　Tel：02-27953656　Fax：02-27954100
出版日期　2011年10月初版一刷
　　　　　2018年11月二版三刷
定　　價　新台幣350元
©Avanguard Publishing House 2014
Printed in Taiwan　ISBN 978-957-801-752-8

＊「前衛本土網」http://www.avanguard.com.tw
＊請上「前衛出版社」臉書專頁按讚，獲得更多書籍、活動資訊
　http://www.facebook.com/AVANGUARDTaiwan